초등학생을 위한
중학 수학
오리엔테이션

중학 수학 오리엔테이션

초판 1쇄 발행일 2023년 8월 25일

지은이 이중권·한상선
펴낸이 이원중

펴낸곳 지성사 **출판등록일** 1993년 12월 9일 **등록번호** 제10-916호
주소 (03458) 서울시 은평구 진흥로 68, 2층
전화 (02) 335-5494 **팩스** (02) 335-5496
홈페이지 www.jisungsa.co.kr **이메일** jisungsa@hanmail.net

© 이중권·한상선, 2023

ISBN 978-89-7889-537-8 (73410)

잘못된 책은 바꾸어드립니다. 책값은 뒤표지에 있습니다.

⚠ **주의 사항**: 책장에 손을 베이지 않게, 책 모서리에 다치지 않게 주의하세요.

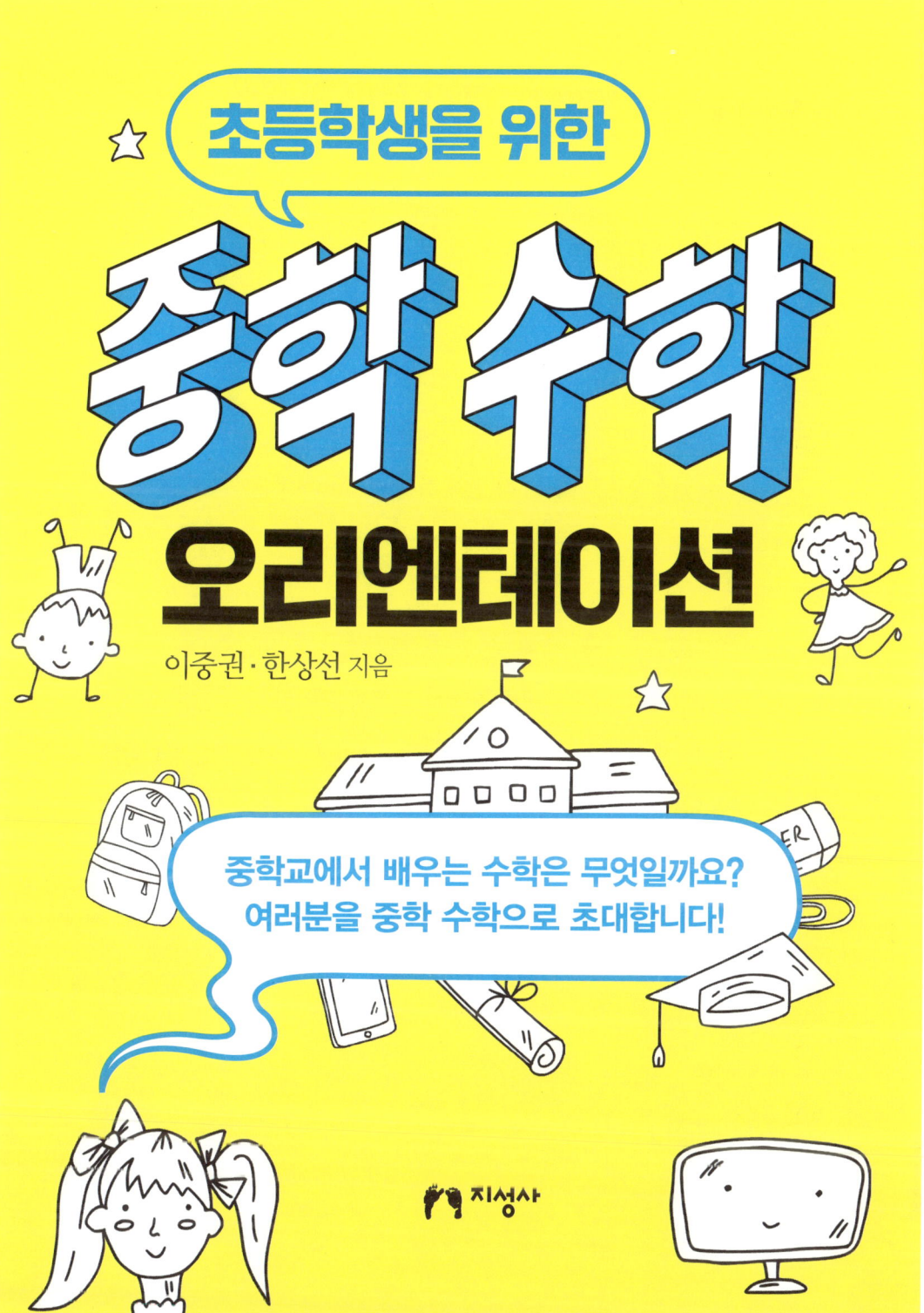

들어가는 글

'수 0은 무엇이기에 0으로는 나눌 수 없을까?'
'순서에 상관없이 곱셈을 덧셈보다 먼저 하는 이유는 무엇일까?'
'분수로 나눌 때, 왜 분모와 분자를 바꾸어 곱할까?'
등등

위의 문제에 고민하여 보지 않았다면 수학 공부를 올바른 방법으로 했다고 할 수 없습니다. 이 책은 위의 질문에 답하는 것이 얼마나 중요한지 알려 드리겠습니다. '수란 무엇인가?', '각각의 계산은 어떤 의미가 있는가?'에 답할 수 있다면 위의 문제들은 해결이 될 것입니다. 그리고 더 나아가 다음의 질문에도 답하기 위하여 고민하는 여러분에게 도움이 되기를 바랍니다.

'수학은 무엇일까?'
'수학을 배우는 이유는 무엇일까?'
'수학은 어떻게 공부하는 것이 좋을까?'

인류의 발전은 수학의 발전입니다. 세상을 이해하려면 수학이 꼭 필요합니다. 세상이라는 책은 수학이라는 언어로 쓰였기 때문이지요. 어려운 문제를 만날 때 '해결할 수 있다는 자신감'과 '문제를 해결하려는 끈기' 그리고 '논리적으로 생각하여 해결하는 것'은 수학을 통해서 얻을 수 있습니다. 해결한 뒤에 따라오는 성취감은 어느 것과도 비교할 수 없습니다.

이 책은 초등학교 고학년을 대상으로 썼습니다. 그러나 중학교 1학년 학생에게도 큰 도움이 되리라 생각합니다. 중학교 1학년을 가르치는 선생님에게도 그리고 수학에 대하여 더 알고자 하는 많은 사람에게도 작은 도움이 되었으면 합니다. 감사합니다.

이중권, 한상선

들어가는 글 _4

**중학 수학과 함께
수학의 세계로 떠나는 여행** _10

1 수학의 세계로 어서 오세요! _13
- 01 세상의 기본, 수 _13
- 02 수학 공부란 무엇일까? _14
- 03 수학은 왜 공부해야 할까? _16

2 약속과 이유 _18
- 01 항상 질문하기 _18
- 02 약속과 이유가 꼭 필요한 개념 _20
- 03 약속 _20
- 04 이유를 꼭 설명해야 하는 개념 _21
  도전하기 1 _22
- 05 이유가 필요한 약속 _23

3 가장 중요하고 멋진 숫자 0 _26
- 01 '없다'를 뜻하는 0으로 나누기 _27
- 02 0 ÷ 0 _29
  도전하기 2 _29
- 03 블랙홀 같은 0 _29
  도전하기 3 _31 / 도전하기 4 _33

4 수란 무엇일까? _34
- 01 수라는 이름 _34
- 02 수의 인식과 표시 _35

5 우리가 사용하는 수 _38
- 01 십진법의 탄생 _38
- 02 0의 역할 _40
- 03 0과 1로 움직이는 세상 _42
- 04 시간과 각도 표시 _43

**6 큰 세계와 작은 세계를
표현하는 수** _45
- 01 거듭제곱 _45
- 02 우주의 먼지보다 작은 우리 _46
- 03 기하급수적 증가 _47
  도전하기 5 _51

7 알고 싶으면 분해하라 _52
- 01 분해하기 _52
- 02 소수와 합성수 _53
- 03 소인수분해 _54

8 정수 _61
- 01 정수 _62
- 02 0의 세 가지 역할 _63
- 03 음수 이야기 _64
- 04 정수의 계산 _65
  도전하기 6 _70

9 유리수 –71
- 01 유리수 –72
- 02 사칙연산 전문가 유리수 –73
- 03 세상의 모든 것은 수 –75
  - 도전하기 7 –77 / 도전하기 8 –78

10 재미있는 문제와 아름다운 수의 배열 –79
- 01 법칙 이용해 계산하기 –79
  - 도전하기 9 –79 / 도전하기 10 –80
- 02 아름다운 수의 배열 –81
  - 도전하기 11 –83

11 문자와 기호를 사용하는 수학 –86
- 01 강력한 수학 언어, 식 –87
- 02 문장을 식으로, 식을 문장으로 –88

12 문자식의 계산 –93
- 01 기호의 생략 –94
- 02 식의 값 –95
- 03 일차식의 덧셈과 뺄셈 –96
- 04 일차식의 곱셈과 나눗셈 –98

13 방정식의 계산 –100
- 01 등식의 성질 –100
- 02 일차방정식의 풀이 –102
- 03 연립일차방정식 –105
- 04 연립일차방정식의 풀이 –106

14 일반 언어를 수학 언어로 –111
- 도전하기 12 –114 / 도전하기 13 –114
- 도전하기 14 –115 / 도전하기 15 –116
- 도전하기 16 –116 / 도전하기 17 –117

15 세상을 바꾼 식 –118
- 01 피타고라스 정리 –118
- 02 로그 –119
- 03 미분과 적분 –120
- 04 만유인력의 법칙 –121
- 05 상대성이론 –121
- 06 맥스웰 방정식 –122

16 서로 짝지어진 관계 –124
- 01 좌표 평면 –125
- 02 정비례 –128
- 03 반비례 –130
- 04 다양한 곳에서 볼 수 있는 정비례와 반비례 –133

17 여러 가지 그래프 –135
- 01 $y=ax+b$의 그래프 –135
- 02 $y=ax^2+bx+c$의 그래프 –136
- 03 $y=\sin x$, $y=\cos x$의 그래프 –136
- 04 $y=ax^3+bx^2+cx+d$의 그래프 –137
- 05 $y=a^x$의 그래프 –137
- 06 $(x-a)^2+(y-b)^2=r^2$, $\frac{x^2}{a^2}+\frac{y^2}{b^2}=1$의 그래프 –138

18 점, 선, 면 _139
- 01 점, 선, 면 _140
- 02 교점과 교선 _141
- 03 직선과 반직선 _141
- 04 두 점 사이의 거리 _143

19 각 _146
- 01 각의 표기와 크기 _147
- 02 각의 종류 _148
- 03 맞꼭지각 _150
- 04 수선의 발 _151

20 평행선의 성질 _154
- 01 평행선의 성질 _155
- 도전하기 18 _157

21 위치 관계 _160
- 도전하기 19 _161
- 01 점과 직선의 위치 관계 _161
- 02 두 직선의 위치 관계 _162
- 03 직선과 평면의 위치 관계 _163
- 04 공간에서의 두 평면의 위치 관계 _164
- 도전하기 20 _167

22 작도법 _169
- 01 눈금 없는 자와 컴퍼스 _169
- 02 간단한 도형의 작도 _170
- 03 삼각형의 작도 _173

23 삼각형의 결정 조건과 합동 조건 _178
- 01 삼각형의 결정 조건 _178
- 02 삼각형의 합동 _181

24 다각형의 성질 _186
- 01 삼각형 세 내각의 크기의 합 _188
- 02 삼각형 외각의 크기의 합 _190
- 03 다각형 내각의 크기의 합 _191
- 04 다각형 외각의 크기의 합 _193
- 05 다각형의 대각선 개수 _194

25 원과 부채꼴 _196
- 01 원 _197
- 도전하기 21 _197
- 02 부채꼴 _200
- 03 위치 관계 _203

26 다면체 이야기 _208
- 01 다면체 _209
- 02 정다면체 _210
- 도전하기 22 _211

27 회전체 _216
- 01 회전체 _217

28 입체도형의 겉넓이와 부피 _220
- 01 기둥과 뿔의 겉넓이 _221
- 02 기둥과 뿔의 부피 _223
- 03 구의 겉넓이와 부피 _225

도전하기 풀이 _230

그림 출처 _240

한 걸음 더 깊이

- 세상은 수학이라는 언어로 쓰인 한 권의 책 _14
- 단위 이야기 _24
- 약속과 규칙 _24
- 0과 무한 _30
- 무한 호텔 _30
- 제논의 역설 _31
- 고대 문명의 숫자 _36
- 0의 시작 _41
- 십간 십이지와 육십갑자 _44
- 종말은 언제 올까? _48
- 원을 분해하여 넓이를 구하다 _55
- 인수분해 _56
- 미분 _57
- 생존에 수학을 이용한 매미 _57
- 소수와 암호 _58
- 자전거의 기어비 _72
- 유리수에 관한 몇 가지 문제 _77
- 파스칼의 삼각형 _82
- 피보나치 수열 _83
- 문자와 식의 역사 _89
- 동양의 수학 _90
- 자주 사용하는 문자 기호 _92

- 방정식의 역사 _108
- 좌표 평면을 완성한 데카르트 _128
- 유클리드 기하학 _144
- 직각과 피타고라스 정리 _152
- 지구 표면에 평행선은 존재할까? _158
- 평면을 결정하는 조건 _166
- 평면과 공간 나누기 _167
- 착시 현상 _168
- 정오각형의 작도 _176
- 작도가 불가능한 3대 문제! _177
- 견고한 삼각형 _183
- 건축물 속에 숨어 있는 수학 _184
- 지구 표면에서는 삼각형 내각의 합이 270°가 될 수 있다 _189
- 아름답고 기이한 수: 원주율(π) _199
- 부채꼴과 삼각형의 넓이 비교 _202
- 맨홀 뚜껑과 정폭도형 _206
- 쌍대 다면체 _214
- 정다면체의 순환 _215
- 풍력 발전과 전기 에너지 _218
- 회전에 작용하는 힘 _219
- 수학자 아르키메데스의 묘비 _227
- 넓이와 부피보다 더욱 중요한 구조 _228

중학 수학과 함께
수학의 세계로 떠나는 여행

    동물은 사람보다 육체적 장점을 많이 가지고 있습니다. 말은 사람보다 빨리 달리고, 개는 냄새를 더 잘 맡습니다. 독수리는 시력이 무려 5.0이라서 사람보다 훨씬 더 멀리 잘 보지요. 또 동물은 추위에 강하고 갈증과 배고픔을 잘 견딥니다. 동물보다 약한 사람은 거친 환경에서 어떻게 살아남았을까요?

    바로 다른 동물이 갖지 못한 지식이 있기 때문입니다. 물론 동물도 생존에 필요한 단편적인 사실은 알고 있습니다. 하지만 사람의 지식은 동물의 그것보다 훨씬 더 짜임새 있고 풍부합니다. 지식을 기록하고 거기에 또 다른 지식을 더함으로써 새로운 지식을 얻었지요. 이러한 과정을 거치며 우리는 더 풍부하고 깊은 지식을 축적했고, 문명도 꽃피웠습니다.

    이러한 지식 중 핵심 역할을 한 것이 바로 수학입니다. 수학을 바탕으로 과학이 발전했고 기술 혁명이 이루어졌습니다. 수학은 우리가 자연과 사회의 많은 현상들을 이해할 수 있도록 도왔고, 그 결과 인류 발전에 많은 이로움을 가

져다주었습니다.

　예를 들어 눈에 보이지 않는 현상인 전기는 맥스웰 방정식이라는 수학 공식으로 나타낼 수 있습니다. 덕분에 우리는 어두운 밤에도 전등을 켜고 책을 읽을 수 있고 전기 자동차는 물론 드론까지 운용할 수 있습니다. 뉴턴의 방정식으로 움직이는 사물은 물론 하늘의 별과 행성, 은하의 운동도 깨달았고, 아인슈타인의 방정식으로 시간과 공간의 관계를 이해했습니다. 이렇듯 수학은 이미 아는 사실을 통해 처음 보는 새로운 것을 내 것으로 만들고, 비논리적인 사실을 구별하여 없애는 강력한 힘을 가지고 있습니다.

　이 책은 중학교 1학년 수학 교육과정과 30여 년간 학생들과 함께 공부한 내용을 바탕으로 썼습니다. 여느 문제집처럼 문제를 잘 풀 수 있도록 구성된 것은 아닙니다. 당장 시험을 잘 보기 위해 필요한 책은 더더욱 아닙니다. 독자에게 '수학이 무엇인지', '수학 공부는 어떻게 해야 하는지', '수학은 세상과 어떻게 연결되어 있는지' 알리고자 하는 데 중점을 두고 쓴 책입니다. 또 교과 내용의 배경과 역사를 살피고 각 내용이 중학 수학, 고등 수학, 더 나아가 대학 수학까지 어떻게 연결되는지 이야기합니다.

　연계성을 설명하는 데 필요하기 때문에 앞으로 배울 고등 수학 내용이 일부 나오지만, 자세하게 이해하지 못해도 괜찮습니다. 궁금한 점은 어른에게 묻거나 책, 인터넷 검색을 통해 확인해도 좋습니다. 호기심을 갖고 '왜?'라고 질문하며 스스로 생각한다면 더 좋겠지요. 끊임없이 질문하고 생각하다 보면 어느새 자연스럽게 수학과 친해진 자신을 만나게 될 것입니다. 이 책을 통해 수학과 한 걸음 더 가까워지길 바랍니다.

1. 수학의 세계로 어서 오세요!

01 세상의 기본, 수

여러분 주위에서 수를 다 없앤다고 생각해 보세요. 나이, 시간, 가격, 거리, 속도 등과 같은 개념들이 모두 사라질 것입니다. 수가 사라지면 여러분을 힘들게 만드는 성적도 없어지니 좋아하는 친구가 있을지도 모르겠네요.

하지만 수가 사라지면 자동차는 물론 자전거도, 안락한 집도 함께 사라집니다. 집을 짓고 운송 수단을 만드는 설계부터 수가 기본이기 때문입니다. 0과 1로 작동하는 컴퓨터나 스마트폰도 더 이상 사용할 수 없겠지요. 해외여행도 갈 수 없습니다. 지구의 모든 위치는 수로 표시되어 있기 때문입니다. 또 도표, 그래프도 사라져 전 세계 정치, 경제, 사회도 마비될 것입니다. 이처럼 세상의 기본은 수로 이루어져 있습니다.

한 걸음 더 깊이

세상은 수학이라는 언어로 쓰인 한 권의 책

"자연이라는 위대한 책은, 그 책에 쓰인 언어를 아는 사람만이 읽을 수 있다. 그 언어는 바로 수학이다."

근대과학의 아버지 '갈릴레오 갈릴레이'가 남긴 말입니다. 수학을 모르면 세상을 이해하기 어렵다는 뜻입니다. 그는 지구가 태양 주위를 돌고 있으며, 이를 수학으로 증명할 수 있다고 주장했습니다. 그리스 수학자인 '에라토스테네스'는 지구가 둥글다는 사실을 수학으로 증명했고, 지구 둘레의 길이를 계산했습니다. 이외에도 '뉴턴'은 행성의 운동과 지구상의 거의 모든 운동을 수학 공식으로 표현했고, '맥스웰'은 전기와 자기의 관계를 공식으로 만들어 정보통신의 혁명을 불러왔습니다. 또 '아인슈타인'은 시간과 공간의 개념을 새롭게 정립했으며, 원자력을 사용할 수 있는 기반을 마련했습니다. 이처럼 수학은 단순 계산을 넘어 인류 발전에 많은 공헌을 했습니다. 지금도 과학자들은 현미경으로도 볼 수 없는 소립자의 세계를, 또 우주의 시작과 변화를 수학으로 이해하고자 노력하고 있습니다.

02 수학 공부란 무엇일까?

정확하고 빠른 계산은 수학의 기본입니다. 계산력을 통해 복잡하고 어려운 수학을 하나하나 정복할 수 있기 때문입니다. 그래서 초등학교부터 연습을 통해 실력을 기를 수 있도록 지도합니다. 하지만 중학교부터는 사정이 조금 다릅니다. 계산력은 물론 계산하는 이유와 과정에 담긴 의미를 파악하고, 여러 현상을 수학 언어로 옮겨 이를 이해할 수 있어야 합니다.

$$\frac{3}{4} \div \frac{2}{3}$$를 계산하여라.

중학생이라면 위의 문제를 아마 어렵지 않게 풀 것입니다. 분수의 곱셈과 나눗셈에 대한 개념이 머릿속에 있다면 능숙하게 풀겠지요. 질문을 바꿔 보겠습니다. 위의 문제에서 분자와 분모의 위치를 바꾸어 곱하는 이유를 설명할 수 있나요? 이렇게 계산하는 이유를 알지 못한 채 계산기처럼 계산만 했다면, 답을 구할 때마다 조금 찜찜하지 않았나요?

① 분수 $\frac{3}{4}$과 $\frac{2}{3}$는 각각 무슨 의미일까?
② 기호 ÷ 무슨 의미일까?
③ $\frac{3}{4} \div \frac{2}{3} = \frac{3}{4} \times \frac{3}{2}$이 되는 이유는 무엇일까?

만약 질문의 답을 찾기 위해 노력했다면, 이 문제가 여러분에게 진짜로 알려 주고자 한 원리를 찾은 셈입니다.

다음 질문을 읽어 보세요.

- 수란 무엇일까?
- 분수란 무엇일까?
- 덧셈, 뺄셈, 곱셈, 나눗셈은 무엇일까?
- 어떤 상황에서 곱하기나 나누기가 필요할까?
- 분수의 나눗셈을 계산할 때, 왜 분모와 분자의 위치를 바꾼 다음 곱할까?

- 곱셈을 덧셈보다 먼저 하는 이유는 무엇일까?
- 0으로 나눌 수 없는 이유는 무엇일까?
- 원의 둘레와 넓이를 계산할 때 값 3.14는 무엇일까?

이 질문에 바로 답할 수 있나요? 만일 어렵다면 지금부터 함께 공부하면 됩니다. 수학 공부의 시작은 질문에서부터 출발하니까요.

03 수학은 왜 공부해야 할까?

여러분은 왜 수학을 공부하나요? 주요 과목이라서 또는 좋은 성적을 받기 위해서처럼 다양한 이유가 있겠지요. 만약 정말 좋은 점수를 얻고자 한다면 당분간은 공식을 달달 외우고 계산 문제만 열심히 풀어도 됩니다. 물론 학년이 올라갈수록 공식 암기와 문제 풀이가 전부가 아니라는 사실을 알게 될 것입니다. 우리가 수학을 공부하는 이유는 단순히 성적을 잘 받아 좋은 학교에 진학하는 데 있지 않습니다.

수학을 배우고 또 공부하는 이유는 첫째, 우리를 둘러싼 세상이 모두 수학이라는 언어로 쓰여 있기 때문입니다. 마치 레고 조각으로 조립한 작품처럼 수학이라는 조각이 모여 하나의 거대한 세상을 만들었습니다. 그러니 이 세상의 비밀을 풀며 살아가려면 우리는 당연히 수학을 공부해야 합니다.

둘째, 시시각각 빠르게 변하는 세상의 핵심을 '수학의 눈'으로 바라보고 '수학에서 배운 논리'로 그 변화를 설명할 수 있는 능력을 기르기 위함입니다. 급변하는 현대 사회의 속도를 저는 따라잡기가 어려웠습니다. 여러분이 경험하는 지금의 세상을 어릴 때는 상상도 하지 못했지요. 지금은 초등학생도 다룬다는 컴퓨터조차도 수학에서 배운 논리력으로 겨우 사용할 수 있었던, 그런 세대였습니다.

최근 4차 산업혁명에 대한 관심이 뜨겁습니다. 머지않아 여러분이 새롭게 변하는 세상의 주인공이 되겠지요. 앞으로 다가올 세상을 이해하고 받아들이는 데 수학에서 배운 사고력과 논리력은 강력한 무기가 될 것입니다. 수학은 새로운 것에 대해 두려워하지 않는 자신감과 논리력을 얻는 데 최고의 도구이니까요.

셋째, 수학은 정말 재미있습니다. 책을 덮으려는 친구가 있을지도 모르겠지만, 사실 수학은 알면 알수록 재미있는 과목입니다. 수학의 맛을 본다면 아마 컴퓨터 게임이나 만화보다 훨씬 재미있다는 사실을 알게 될 것입니다. 제가 몇 날 며칠을 한 문제에 푹 빠져 집중할 수 있었던 것도 재미있었기 때문입니다.

오직 수학만 사랑한 수학자

수학이라는 학문에 순수한 열정을 쏟는 사람들 중 수학의 노벨상이라 불리는 필즈상을 거부한 수학자가 있습니다. 러시아의 수학자 '그레고리 페렐만'은 2002년, 세계 7대 난제 중 하나였던 '**푸앵카레 추측**'을 증명했습니다. 하지만 그는 상을 거부했고 상금도 받지 않았습니다. 인터뷰조차도 거부했다고 하니 페렐만은 부와 명예보다 수학의 비밀을 밝히는 일을 더 가치 있게 여긴 것 같습니다. 이후에도 페렐만은 오직 수학 연구에만 몰두하고 있다고 합니다.

푸앵카레 추측 3차원 공간에서 닫힌곡선이 한 점으로 모일 수 있다면, 그 공간은 구로 변형될 수 있다는 추측

2. 약속과 이유

01 항상 질문하기

수학 공부의 핵심은 모든 것을, 아는 것도 의심의 눈으로 바라보고, 질문하고 답을 찾는 것입니다.

자, 줄을 서지 않고 급식을 먼저 먹겠다고 새치기하는 친구가 있다고 상상해 보세요. 이 친구는 학교의 규칙을 어겼습니다. 이번에는 시속 50km로 달려야 하는 도로에서 100km로 달리는 차가 있다고 가정해 봅시다. 이 차는 도로교통법을 위반한 것입니다. 이처럼 우리는 살면서 규칙과 법을 반드시 지켜야 합니다. 특히 법은 사회 구성원의 안녕과 복지를 위해 구성원 스스로가 지키기로 한 약속이므로 법을 지키는 것은 당연한 의무이지요.

수학에서도 당연히 규칙과 법칙을 지켜야 합니다.

① 괄호가 있을 때, 괄호 안의 식을 먼저 계산해야 한다.
$$9-(5+2)=9-7$$
② 분수의 나눗셈을 할 때, 나누는 수의 역수(분모와 분자를 바꾼 수)를 곱해야 한다.
$$\frac{3}{4} \div \frac{2}{3} = \frac{3}{4} \times \frac{3}{2}$$
③ 덧셈과 곱셈이 함께 있을 때, 순서에 상관없이 곱셈을 먼저 계산해야 한다.
$$3+4\times 2=3+8$$

만약 무조건 앞에서부터 계산하겠다고 고집을 부리면 어떤 일이 생길까요? 규칙과 법칙을 지키지 않는다면 답을 구할 수도 없고 문제를 해결하지도 못할 것입니다. 다만 사회의 법과는 달리 수학은 규칙과 법칙, 그리고 이유가 옳은지 항상 확인해야 합니다. 이유를 묻지도 따지지도 않고 규칙이니까, 법칙이기 때문에, 공식이라서 무조건 따른다면 이는 수학을 공부하는 태도라 할 수 없습니다. 항상 질문해야 함을 잊지 마세요.

빠르고 정확한 계산, 공식 암기와 유형별 문제 풀이 기술은 좋은 성적을 얻는 데 분명 필요합니다. 독특한 아이디어는 경시대회를 준비하는 학생의 필수 요건이기도 하지요. 하지만 이보다 더 중요한 것은 '항상 질문하는 자세'입니다.

조금도 의심하지 않고, 질문도 없이 이유를 생각하지 않고 규칙과 공식을 외우는 데만 공을 들인다면, 시간 낭비와 마찬가지입니다. 이런 공부법은 고등 수학으로 갈수록 수학을 더 어렵게 만듭니다. 벽에 부딪힌 학생들은 결국 수학을 포기하고 맙니다.

02 약속과 이유가 꼭 필요한 개념

다음 네 개의 문장은 모두 참입니다. 참인 이유를 생각해 보세요.

> 1. 계산할 때, 괄호 안을 먼저 계산한다.
> 2. 두 변의 길이가 같은 삼각형은 이등변삼각형이다.
> 3. 분수의 나눗셈에서 나누는 수의 분모와 분자를 바꾸어 곱한다.
> 4. 이등변삼각형의 두 밑각의 크기는 서로 같다.

1번과 2번은 약속입니다. 굳이 이유가 필요 없습니다. 때에 따라서는 이유를 찾아야 할 때도 있지만, 대부분은 이렇게 약속한 이유에 대해 간단히 생각하면 됩니다.

3번과 4번은 이유를 논리적으로 설명할 수 있어야 합니다. 모든 사람이 고개를 끄덕이며 동의할 수 있도록 '수학 언어'를 사용하여 설명해야 하지요.

03 약속

$$9-(5+2)=9-7$$

위의 식을 계산하면 답은 얼마일까요? 당연히 2입니다. 모두 괄호 안의 식을 먼저 계산했을 것입니다. '괄호 안의 식을 먼저 계산한다'라는 약속 때문입니다. 우리 사회에는 많은 약속이 있습니다. 예를 들어 학생이 공부하는 곳을 학교라 부르기로 약속했습니다. 이 약속은 지켜져야 혼란이 없겠지요? 이와 비슷하게 수학에서도 많은 약속이 있습니다.

이등변삼각형은 두 변의 길이가 같은 삼각형이다.

수학에서 두 변의 길이가 서로 같은 삼각형을 이등변삼각형이라 부르기로 약속했습니다. 누군가 두 변의 길이가 같은 삼각형을 왜 이등변삼각형인지 묻는다면, 그렇게 부르기로 약속했다고 답하면 됩니다.

04 이유를 꼭 설명해야 하는 개념

수학 공부는 어떠한 사실이 참인 이유를 밝히는 과정입니다. 참이라고 말할 수 있는 모든 것의 이유를 찾고 설명할 수 있어야 합니다.

분수의 나눗셈에서 나누는 수의 역수(분모와 분수를 바꾼 수)를 곱하는 이유는 무엇일까요?

답이 딱 떠오르지 않지요? 먼저 분자가 1인 수로 나누는 다음과 같은 식을 두고 생각해 봅시다.

$$3 \div \frac{1}{2} = 3 \times 2$$

여러분은 이미 초등학교 수학 시간에 자연수의 나눗셈을 배웠습니다. 예를 들어 $6 \div 2 = 3$이 참이라는 사실을 알고 있지요. 그렇다면 참인 이유는 무엇인지 알고 있나요?

① 6÷2=3이 참인 이유는 6개를 두 묶음으로 나누면 한 묶음에 3개씩 포함되기 때문입니다.

$$6=3+3$$

② 6÷2=3이 참인 이유는 '6은 2를 3번 더하면 된다'로 바꾸어 설명할 수 있기 때문입니다.

$$6=2+2+2$$

자, 이제 문제로 돌아가 $3÷\frac{1}{2}=3×2$가 되는 이유를 찾아봅시다.
②번 방법을 활용하면 다음과 같습니다.

$$3=\frac{1}{2}+\frac{1}{2}+\frac{1}{2}+\frac{1}{2}+\frac{1}{2}+\frac{1}{2}$$

3은 $\frac{1}{2}$을 6번 더한 것과 같습니다. 그래서 $3÷\frac{1}{2}=6$이 됩니다.
그러므로 $3÷\frac{1}{2}=6=3×2$가 되는 것입니다.

다음 도전하기는 직접 풀어 보세요. 초등학교에서 배운 기억을 되살리면서 생각해 보세요.

> **도전하기 1** $10÷\frac{1}{2}=10×2$인 이유와 $\frac{3}{4}÷\frac{2}{3}=\frac{3}{4}×\frac{3}{2}$이 되는 이유를 각각 설명하세요.

05 이유가 필요한 약속

덧셈보다 곱셈을 먼저 하는 이유는 무엇일까요? 아래 두 문제를 풀면서 그 이유를 알아봅시다.

☑ 공원 입장료가 어른은 3500원, 어린이는 500원이다. 어른이 2명, 어린이가 3명이라면 입장료는 모두 얼마인가?

풀이   3500(원)×2(명)＋500(원)×3(명)＝7000(원)＋1500(원)
$$=8500(원)$$

☑ 지호는 자전거를 타고 시속 7km의 속력으로 3시간 동안 달리다가, 속력을 줄여 시속 6km로 2시간 동안 달렸다. 자전거로 달린 거리는 모두 몇 km일까?

풀이   (거리)＝(속력)×(시간) 입니다. 그러므로

7km/시간×3시간＋6km/시간×2시간

＝21km＋12km

＝33km

    덧셈은 단위가 같을 때만 계산할 수 있습니다. 그러므로 먼저 곱셈을 해 단위를 맞추어야 나머지 계산을 할 수 있습니다. 즉, 첫 번째 문제는 단위를 '원'으로, 두 번째 문제는 단위를 'km'로 맞춘 다음 덧셈해야 합니다. 수학은 실생활에서 접하는 문제를 해결하기 위한 것입니다. 실생활과 동떨어진 수학은 없습니다. 그러므로 위와 같은 실생활 속 문제에서 '순서와 상관없이 곱셈을 먼저 계산해야 한다'는 것을 확인힐 수 있습니다.

한 걸음 더 깊이

단위 이야기

비행기 3대 + 12명 = ?

책 10권 + 음식 5인분 = ?

비행기 수와 사람 수를 더하는 것과 책의 수와 음식 수를 더하는 것은 의미가 없습니다. 단위가 다르기 때문입니다. 하지만 2시간과 60분은 더할 수 있습니다. 왜냐하면 1시간은 60분이기 때문이지요. 따라서 2시간+60분은 2시간+1시간=3시간입니다. 즉 단위가 다를 경우, 같은 단위로 바꿀 수 있을 때에만 더할 수 있습니다.

비행기 3대×배 12척=?

책 10권×음식 5인분=?

과연 이렇게 곱셈할 경우가 얼마나 될까요? 사실 비행기 수와 배의 수, 책의 수와 음식 수를 곱할 일은 거의 없습니다.

그러나 아래와 같은 문제는 생활 속에서 꽤 자주 만날 수 있습니다.

비행기 3대×100명(1대당 정원수)=300명

$7m \times 7m = 49m^2$

이처럼 곱셈은 단위가 같아도, 또 달라도 계산할 수 있습니다.

약속과 규칙

수학에는 많은 약속과 규칙이 있습니다. 아래 문장이 참인 이유를 생각해 보세요.

1. 두 변의 길이가 같은 삼각형은 이등변삼각형이다.
2. 괄호가 있으면 괄호 안부터 계산한다.

3. 사칙연산 기호가 섞여 있는 경우에는 곱셈과 나눗셈을 먼저 계산한다.
4. $a+b=b+a$이고 $a \times b=b \times a$이다.
5. $a-b \neq b-a$이고 $a \div b \neq b \div a$이다.
6. $a-(b+c)=a-b-c$이다.
7. $a-(b-c)=a-b+c$이다.
8. $a \div (b \times c)=a \div b \div c$이다.
9. $a \div (b \div c)=a \div b \times c$이다.
10. $a \times (b+c)=a \times b+a \times c$이다.

3.
가장 중요하고 멋진 숫자 0

0은 '없다'는 뜻입니다. 그렇다면 어떤 수를 0으로 나눌 수 있을까요? 그 답을 이야기하기 전에 먼저 0의 이야기를 하고자 합니다. 0은 예나 지금이나 수학을 공부하는 사람들을 괴롭히는 수입니다. 알다시피 수는 사물의 개수를 세기 위해서 만든 것입니다.

그러나 일상생활에서 "0권의 책이 있다."라거나 "0원이 있다."라고 말하지 않습니다. 대신 "책이 없다."라거나 "돈이 없다."라고 말합니다. 없는 것은 그냥 없는 것이지요. 0은 항상 특별한 수로 인정받았습니다만 아주 오래전에는 수로 인정받지도 못했습니다. 자연히 0으로 계산하는 것 또한 어려움이 많았습니다.

01 '없다'를 뜻하는 0으로 나누기

$$1 \div 0 = ?$$

위 문제의 답은 무엇일까요? 먼저 덧셈, 뺄셈 그리고 곱셈을 통해 0의 성질을 파악한 다음, 함께 고민해 봅시다.

$$1+0=1 \qquad 1-0=1$$

위에서 본 것처럼 0을 더하거나 빼도 결괏값에는 아무 변화가 없습니다.

그러나 곱셈은 곱하는 수가 0에 가까워질수록 계산 결과도 0에 가까워짐을 알 수 있습니다. 따라서 우리는 쉽게 $1 \times 0 = 0$임을 추측할 수 있지요.

$$1 \times 10 = 10$$
$$1 \times 1 = 1$$
$$1 \times \frac{1}{10} = \frac{1}{10} = 0.1$$
$$1 \times \frac{1}{100} = \frac{1}{100} = 0.01$$

정말 계산 결과가 0이라 할 수 있을까요? 예, 0이라 답해도 됩니다. 물론 이 값이 0임을 증명하는 데에는 고등 과정 수학이 필요하므로 여러분은 $1 \times 0 = 0$이라는 사실을 알고 있으면 됩니다.

이제 나눗셈으로 돌아가 볼까요? 1을 10에서부터 점점 작은 수로 나눈 값을 비교해 보세요.

$$1 \div 10 = \frac{1}{10}$$

$$1 \div 1 = 1$$
$$1 \div \frac{1}{10} = 10$$
$$1 \div \frac{1}{100} = 100$$

나누는 수가 작아질수록, 즉 0에 가까워질수록 값이 커지는 것을 볼 수 있습니다. 만약 0으로 나누면 가장 큰 값을 얻을 수 있을까요? 그렇게 얻을 수 있는 가장 큰 수는 무엇일까요?

가장 큰 수를 생각하기 전에 먼저 다음 내용을 확인하세요. 앞서 살펴본 것처럼, 1을 $\frac{1}{10}$로 나눈다는 것은 $\frac{1}{10}$을 몇 번 더하면 1이 되는지를 확인하는 것입니다.

$$1 = \frac{1}{10} + \frac{1}{10} + \cdots + \frac{1}{10}$$ 입니다.

즉 $\frac{1}{10}$을 10번 더하면 1을 얻을 수 있습니다.

그러므로 $1 \div \frac{1}{10} = 10$입니다.

이제 본론으로 들어가서 $1 \div 0$을 계산하기 위해서는 0을 몇 번 더하면 1이 되는지 확인하면 됩니다.

$$1 = 0 + 0 + 0 + \cdots$$

0을 몇 번 더하면 1이 될까요? 당연히 아무리 많이 더해도 1이 되지 않습니다. 0을 가장 큰 수만큼 더한다고 해서 1이 되지는 않습니다. 그러므로 $1 \div 0$은 정할 수 없습니다.

02 0÷0

그렇다면 0÷0은 어떤 값을 가질까요? 같은 수를 같은 수로 나누니 혹시 1이라는 생각이 들지도 모릅니다. 마치 3÷3=1, $\frac{1}{10} \div \frac{1}{10} =1$처럼요. 그러나 이렇게 추측하는 것이 올바른 것일까요? 이 추측은 맞을 수도 있고 틀릴 수도 있습니다.

 2 다음 문제를 읽고 답을 쓰세요.

0÷0은 같은 수를 나누는 것이므로 1이라 할 수 있을까?
아니면 1÷0처럼 0÷0도 정할 수 없을까?

03 블랙홀 같은 0

$a+0=a$, $a-0=a$를 생각하면 0은 쓸모없는 수로 보입니다. 그러나 곱셈을 생각하면 0은 엄청난 힘을 휘두르는 것을 알 수 있습니다. $a \times 0 = 0$에서 보듯이 0을 어떤 수에 곱하여도 결과를 0으로 만들기 때문입니다. 어떤 수이든 0과 곱셈에서 만나면 0 속으로 빨려 들어갑니다. 블랙홀과 같습니다.

한 걸음 더 깊이

0과 무한

$$0.99999\cdots = 1? \quad 0.99999\cdots < 1?$$

0.99999……=1입니다. 그런데 1에 가까워지는 것은 이해할 수 있지만 0.9999……처럼 9가 무한대로 계속 나온다고 해서 1이 된다는 것은 사뭇 받아들이기가 어려울 것입니다.

한 가지 식을 이용하면 재미있는 사실을 발견할 수 있습니다.

3×3은 9입니다. 그러므로 0.99999…는 0.3333…×3으로 나타낼 수 있습니다.
$$0.9999\cdots = 0.3333\cdots \times 3$$

0.333333…은 3이 끝임없이 나오는 무한소수로 분수 $\frac{1}{3}$을 소수로 나타낸 것이지요. 따라서 식은 다음과 같이 정리할 수 있습니다.
$$0.9999\cdots = 0.3333\cdots \times 3 = \frac{1}{3} \times 3 = 1$$

0.9999……는 1보다 작은 것 같지만 논리적인 설명을 보니 1이 확실합니다. 0.99999……가 정말 1이라니, 눈으로 보고도 믿기 어렵지요? 이것이 바로 수학의 매력이랍니다.

무한 호텔

"수학에서 가장 중요한 수는 무엇인가?"라고 묻는다면 많은 사람이 0이라 대답합니다. 그리고 "수학에서 가장 중요하고 어렵고 또 도전하고 싶은 것이 무엇인가?"라는 질문에는 무한이라고 대답하는 사람들이 있습니다. 사실 0과 무한은 쌍둥이 같은 존재입니다.

객실의 수가 무한인 호텔이 있습니다. 그런데 빈방이 없다고 합니다. 어느 날, 손님이 방 하나를 빌리겠다고 합니다. 빈방이 없는데, 과연 손님이 묵을 방을 마련할 수 있을까요?

아래 그림을 보면 쉽게 이해할 수 있습니다.

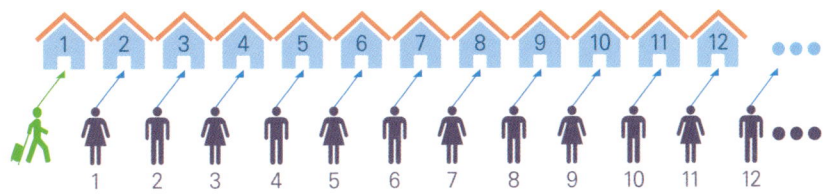

1번 방의 손님은 2번 방으로, 2번 방의 손님은 3번 방으로, 3번 방의 손님은 4번 방으로 옮깁니다. 이렇게 나머지 손님도 원래 있던 방의 바로 옆으로 옮기면 1번 방을 빈방으로 만들 수 있습니다. 만약 동시에 10명의 손님이 와서 10개의 방을 원한다면 어떻게 할 수 있을까요? 이번에는 1번 방의 손님을 11번 방으로, 2번 방의 손님은 12번 방으로 옮겨 모든 손님을 원래 있던 방에서 10을 더한 수의 방으로 옮기면 1번~10번까지 빈방 10개를 마련할 수 있답니다.

> **도전하기 3** 무한 명의 손님이 와서 무한한 빈방을 마련해야 할 때도 본문의 방법으로 방을 마련할 수 있을지 확인해 보세요.

제논의 역설

고대 그리스 철학자 '제논'은 아주 특이한 주장을 펼쳤습니다. 일명 '아킬레우스와 거북의 경주'라고 불리는 것으로 '아킬레우스'가 아무리 빨리 달려도 먼저 출발한 거북을 따라잡을 수 없다는 것입니다.

아킬레우스가 앞서 달리는 거북을 쫓아갑니다. 거북이 아무리 느려도 아킬레우스가 거북이 있던 곳에 도착하면, 그동안 거북도 자기 속력으로 얼마 동안 전진합니다. 따라서 둘 사이의 거리는 점점 좁혀져도 아킬레우스는 거북을 따라잡지 못합니다. 한번 머릿속으로 상상해 보세요.

아킬레우스의 속력이 거북보다 10배 빠르고 거북보다 100m 뒤에서 출발한다고 가정하겠습니다. 아킬레우스가 100m를 달려 거북이 있던 곳에 도착하면, 거북은 그동안 100m의 $\frac{1}{10}$인 10m만큼 앞서게 됩니다. 이제 아킬레우스와 거북 사이의 거리는 10m입니다. 아킬레우스가 또 달려 거북이 있던 자리에 도착하면, 또 거북은 10m의 $\frac{1}{10}$인 1m만큼 이동하지요.

계속 반복하다 보면 거리는 조금씩 가까워지지만 거북은 아킬레우스보다 항상 조금 앞에 있습니다.

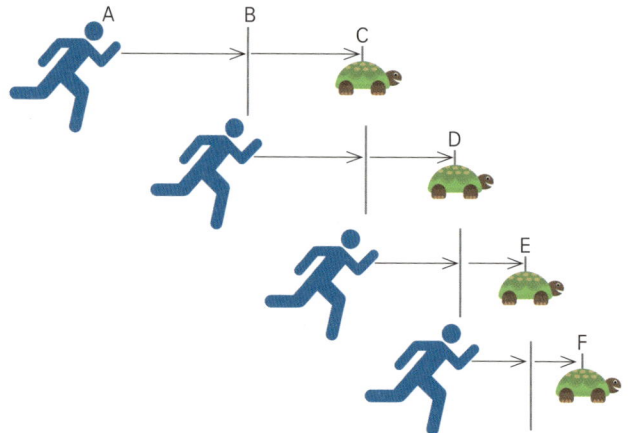

그림을 함께 살펴볼까요? 아킬레우스는 거북이 먼저 지나간 AB 구간을 따라잡아야 합니다. 아킬레우스가 B에 도착하면 거북은 이미 C에 도착한 상태입니다. 물론 BC 구간은 AB 구간보다 짧겠지요? 아킬레우스는 다시 BC 구간을 달립니다. 동시에 거북도 D를 향해 달리고요. 여전히 CD 구간이 BC 구간보다 짧지만, 아킬레우스는 거북을 따라잡지 못합니다. 아무리 거리가 가까워진다 해도 0이 된 것은 아니기 때문에 아킬레우스는 영원히 거북을 따라잡지 못합니다.

이것이 제논의 주장입니다. 정말로 제논의 주장이 맞는 것일까요? 아킬레우스는 거북을 영원히 따라잡지 못할까요?

> **도전하기 4** 제논의 주장은 맞는 것처럼 보이지만 사실 옳지 않습니다. 그 이유를 설명하세요.

4. 수란 무엇일까?

01 수라는 이름

사과, 오렌지, 딸기, 수박의 공통점은 무엇일까요? 또 조약돌, 징검다리, 비석의 공통점은 무엇일까요? 전자는 과일, 후자는 돌이라는 공통점이 있습니다. 서로 다르지만 공통적인 성질을 가질 때, 우리는 그 공통점을 기준으로 하나의 이름을 지을 수 있습니다. 학교, 연필, 집, 스마트폰, 책, 안경 등 우리가 아는 이름이 사라진다면 의사소통하는 데 매우 불편하겠지요.

다음 사진을 보세요.

왼쪽부터 불국사 3층 석탑, 삼각대, 3월 달력입니다. 이 세 사진의 공통점은 무엇인가요? 맞습니다. 바로 숫자 3과 관련이 있는 사진입니다. 옛날 사람들도 돌멩이 3개와 손가락 3개가 서로 비슷한 점이 있다는 사실을 알았습니다. 땅에 작대기 3개를 긋는 것도 마찬가지였지요. 수는 이렇게 시작되었습니다. 결국 3이라는 수는 인간이 지어 준 이름인 셈입니다.

돌멩이와 손가락, 땅에 그린 작대기 그림을 보고 3이라는 이름을 생각한 것은 인간만이 가진 능력입니다. 이렇게 자연수가 시작되었습니다. 그러나 자연수만으로는 표현할 수 없는 것도 있다는 것을 알게 되었습니다. 예를 들어 사냥한 동물 한 마리를 여러 명이 나누는 방법은 자연수로 표현할 수 없었습니다. 자연수가 아닌 수가 필요했습니다. 또 아무것도 없다는 것을 표현하는 0도 필요했고, 돈이 없어 빌려 쓰다 보니 0보다 작은 수도 만들어야 했습니다.

02 수의 인식과 표시

아주 오랜 옛날, 사람들은 누가 가르쳐 주지 않아도 수의 개념을 자연스럽게 알게 되었습니다. 사냥할 때 위험을 피하려면 동물과 얼마나 떨어져 있는지 거리를 알아야 했습니다. 또 큰 동물을 사냥하려면 많은 사람과 긴 창도 필요했습니다. 그들은 아주 자연스럽게 생활 속에서 수와 가까워졌습니다.

잠시 여러분이 양을 기르는 목동이 되었다고 생각해 보세요. 집으로 돌아왔을 때, 가장 먼저 해야 할 일은 양이 모두 돌아왔는지 확인하는 것입니다. 손가락을 하나씩 접으며 양의 수와 맞는지 가늠했겠지요.

만약 양의 수가 손가락으로 셀 수 있는 수보다 많으면, 이미 돌멩이나 여러 다른 조각을 이용해 수를 세었을 것입니다.

  시간이 흘러 사람들은 손가락과 돌멩이에서 벗어나 수를 숫자로 표시하기 시작했습니다. 어쩌면 이 숫자 표시를 웅얼거리며 읽었을지도 모릅니다. 이렇게 사람들은 수를 인식하고, 좀 더 편리하게 나타내기 위해 각자의 방법을 찾기 시작했습니다.

한 걸음 더 깊이

고대 문명의 숫자

문명에 따라 숫자 표기 방법이 달랐습니다. 나름대로 이유가 있었겠지요. 각각의 숫자 표기에는 장단점이 있었습니다. 그러나 문명이 서로 교류하면서 장점이 많은 숫자 표기로 통일되었지요. 큰 수를 짧게 표기할 수 있는 현재 사용하는 십진법 표기로 통일되었습니다.

막대기 또는 한 획	뒤꿈치 뼈	감긴 밧줄	연꽃	가리키는 손가락	올챙이	놀란 사람 또는 신을 경배하는 모습
1	10	100	1000	10000	100000	1000000

이집트 숫자

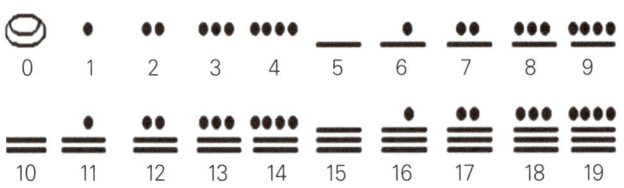

마야 숫자

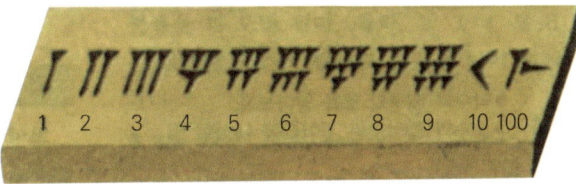

바빌로니아 숫자

一 二 三 四 五 六 七 八 九 十 百
1 2 3 4 5 6 7 8 9 10 100

중국 숫자

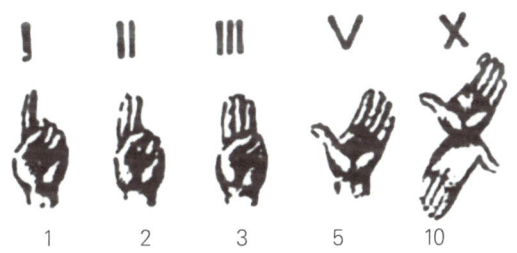

로마 숫자

5. 우리가 사용하는 수

어느 목장에 소 스물일곱 마리가 있습니다. 이를 수로 나타내려면 어떤 방법이 가장 편리할까요? 바로 앞에 나온 고대 숫자들을 떠올리며 생각해 보세요.

01 십진법의 탄생

삼천이백오십칠

三千二百五十七

3257

삼천이백오십칠과 三千二百五十七, 3257은 모두 같은 크기를 나타낸 것입니다. 모두 3257이지요. 수를 표현하는 방법은 시대와 장소에 따라 달랐습니다.

현대에 와서는 0에서 9까지 10개의 숫자를 이용하여 수를 표현하는 방법을 가장 많이 사용합니다. 이 방법을 십진법이라고 합니다.

십진법은 인간의 손가락이 10개라는 단순한 이유에서 출발했습니다. 다른 표기법에 비해 더 짧게 나타낼 수 있고 위치에 따라 값이 달라지기 때문에 아주 큰 수도 간단하게 쓸 수 있습니다.

① 3257에서 3은 3000, 2는 200, 5는 50, 7은 7을 나타낸다.
② 5273에서는 3은 3, 2는 200, 5는 5000, 7은 70을 나타낸다.

혹시 숫자 3, 5, 7이 위치에 따라 값이 다르다는 사실을 발견했나요? 숫자 3은 3257에서 3000을 의미하지만 5273에서는 3입니다. 숫자 5는 3257에서 50, 5273에서 5000이 됩니다. 7의 자릿값은 스스로 찾아보세요.

지금은 아주 간단해 보이는 이 방법을 알아내는 데만 해도 많은 시간과 노력 그리고 독특한 발상이 필요했습니다. 여러 고대 문명에서도 위치에 따라 값이 달라지는 표현 방법을 생각했지만, 체계적으로 정리하는 데에는 아주 긴 시간이 걸렸습니다.

> **참고** 숫자를 나타내는 방법들
>
> 1) 덧셈하기: 숫자를 상징하는 기호를 개수만큼 더해서 수를 표현한다.
>   예) /// = 1+1+1=3
>
> 2) 곱셈한 후 덧셈하는 방법: 숫자와 표시된 자릿값을 곱한 다음 모두 더한다.
>   예) 三百五十九(삼백오십구)=3×100+5×10+9
>
> 3) 위치적 기수법: 숫자를 쓰는 위치에 자릿값을 미리 정하여

숫자와 표시되어 있지 않은 자릿값을 곱한 다음 모두 더한다.

예) $257 = 2 \times 100 + 5 \times 10 + 7 \times 1$

만약 우리가 사용하는 숫자를 모두 없애고 한글로 표현하면 어떤 문제가 일어날까요? 수학 교과서는 어떻게 변할까요? 아마 '35+(24-10)=49'와 같은 식이 '삼십오 더하기 괄호 열고 이십사 빼기 십 괄호 닫고를 계산하면 사십구'로 표현하겠지요? 생각만 해도 끔찍합니다.

02 0의 역할

우리가 지금 사용하고 있는 십진법은 위치에 따라 값이 달라지는 '위치적 기수법'입니다. 위치적 기수법에서 0이 반드시 필요합니다. 위치에 따라 값이 달라지는 숫자 표기는 이미 여러 문명에서 나타났습니다. 그러나 체계를 갖추어 발전하지 못했습니다. 없는 것을 나타낼 생각을 못 했기 때문입니다. 없는 것을 0으로 표현하고자 했던 생각은 신의 선물이라 할 정도로 아주 귀중한 사건이었습니다.

만약 0이 없다면 삼천이백칠은 어떻게 표현할 수 있을까요? '32 7'처럼 표현했을 것입니다. 십의 자리가 없기에 비워 놓았다는 의미입니다. 빈 칸의 의미를 잘 생각하면 삼천이백칠임을 알 수도 있습니다.

그러면 '32   7'은 무슨 수일까요? '삼만이천 칠', '삼십이만 칠', '삼백이십만 칠' 중 어느 것인지 알 수가 없습니다. 대충 눈대중으로는 가늠할 수 없기 때문입니다. 그러므로 없는 것을 0으로 표현하여 수를 표기한 것은 위치적 기수법에서 꼭 필요합니다. 없는 것을 0으로 표현하는 생각에 이르기까지 아주 긴 시간과 노력이 필요했습니다. 없는 것을 표현하는 0의 발견이 늦었기에 많은 혼란이 일어났고 혼란의 결과는 아직도 남아 있습니다.

만약 여러분이 지하 2층에서 지상 2층으로 이동한다면 몇 층을 올라가야 할까요? 지상 1층에서 지상 3층으로 가려면 두 층만 올라가면 됩니다. 1층에서 2층, 2층에서 3층으로요. 그렇다면 지하 2층에서부터 올라가 봅시다. 지하 2층에서 출발하여 지하 1층, 1층, 2층 이렇게 세 개의 층만 올라가면 됩니다.

이상하지요? 혹시 지하 2층에서 지상 2층까지 총 네 개의 층을 이동해야 한다고 생각하지 않았나요? 이렇게 모순이 되는 이유는 없는 것을 0으로 표기하는 것을 늦게 받아들였기 때문입니다. 즉, 0층이 없어서 벌어진 혼란이지요.

한 걸음 더 깊이

0의 시작

처음으로 없는 것을 0으로 표현한 곳은 인도로 알려져 있습니다. 불교가 시작된 인도에는 '없다'라는 개념이 일찍부터 있었습니다. 그러므로 없다는 것에 '이름'을 붙이고 표시할 수 있었지요. 다른 문명에서도 '없다'라는 개념을 알았다는 흔적이 남아 있습니다. 그러나 하나의 수로 취급하고 기호 '0'으로 표현한 것은 인도 수학자들이 처음입니다.

03 0과 1로 움직이는 세상

현대 사회를 이끄는 핵심인 컴퓨터는 0과 1로만 표현한 수를 가지고 계산합니다. 우리가 사용하는 0, 1, 2, 3, …9까지 10개의 숫자를 사용하는 대신, 0과 1만 사용합니다. 컴퓨터에 명령할 때 우리는 십진법으로 전달하지만, 컴퓨터는 십진법을 이진법으로 바꾸어 계산하고, 그 결과를 다시 십진법으로 변환하여 내보냅니다. 10개의 숫자를 사용하는 방법은 십진법이라 부르듯이, 0과 1 두 개의 숫자로 수를 표시하는 방법은 이진법이라 부릅니다.

$$11001 = 1 \times 2^4 + 1 \times 2^3 + 0 \times 2^2 + 0 \times 2^1 + 1 \times 2^0$$
$$= 1 \times 16 + 1 \times 8 + 0 \times 4 + 0 \times 2 + 1 \times 1$$
$$= 16 + 8 + 1$$
$$= 25$$

십진법의 수 25를 이진법으로 표현하면 11001입니다. 0과 1이 기본수인 이진법에서는 2만 되어도 두 자릿수로 바뀝니다. 예를 들어 십진법의 수 2와 3은 이진법에서 각각 10과 11로 표현할 수 있습니다. 십진법의 수 4는 이진법에서 세 자릿수 100입니다. 이처럼 이진법에서는 자릿수가 급격하게 늘어납니다. 우리는 자릿수가 늘어나면 계산하는 데 어려움을 느끼지만 컴퓨터는 상관없습니다. 왜냐하면 우리처럼 머리와 손을 사용하는 것이 아니라 전기 신호로 작동하기 때문입니다. 따라서 인간보다 아주 빨리, 그리고 정확하게 계산할 수 있습니다. 길게 표시된 수도 상관없습니다.

컴퓨터는 전기 신호가 있으면 1, 없으면 0으로 표현합니다. 0과 1로만 모든 수를 나타내고, 계산도 하고, 글씨도 쓰고, 그림도 그리고, 소리도 냅니다. 빠르고 정확하게 통신할 수 있으며 드론도 띄우고, 자율 주행차를 달리게 합니다. 이 밖에도 암호화폐를 유통하거나 인공지능 로봇을 만드는 등 더욱 발달한 새로운 세계로 우리를 안내합니다.

> **참고** 컴퓨터 기억용량의 단위와 처리 속도는 0과 1 두 가지, 즉 2와 관련이 있다.
> 컴퓨터의 기억용량은 2를 기준으로 하므로,
> 1MB(메가바이트) = 1024(=2^{10})KB(킬로바이트)
> 1GB(기가바이트) = 1024(=2^{10})MB(메가바이트)이다.

04 시간과 각도 표시

우리가 현재 일반적으로 사용하는 수 표기는 십진법입니다. 컴퓨터 등 디지털에서 사용하는 수 표기는 이진법이지요. 그러나 아주 오랜 옛날 메소포타미아 문명에서는 '60진법'을 사용했습니다. 이 방법은 천체를 관측하고 시간을 기록하는 데 유리합니다. 60이라는 숫자가 약수를 많이 가지고 있기 때문입니다.

60의 약수 : 1, 2, 3, 4, 5, 6, 10, 12, 15, 20, 30, 60

1년 12개월의 12는 60의 약수, 1달 30일의 30도 60의 약수입니다. 60은 지구가 태양을 한 바퀴 도는 약 365일의 근삿값인 360의 약수이기도 합니다. 따라서 60진법은 천체와 관련이 깊은 시간과 각도를 나타내는 데 아주 편리합니다.

한 걸음 더 깊이

십간 십이지와 육십갑자

동양 문명의 '십간 십이지'인 육십갑자도 60진법입니다. 톱니바퀴 그림과 함께 설명해 보도록 하지요.

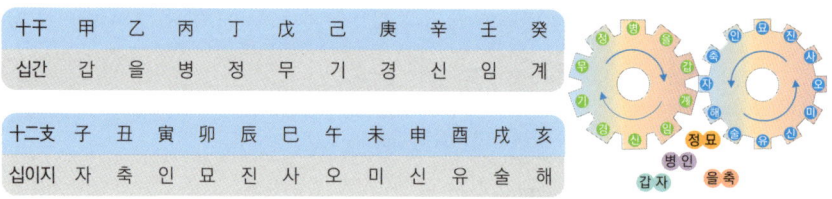

십간에는 10개의 톱니가 있고 십이지에는 12개의 톱니가 있습니다. 만났던 톱니가 다시 만나려면 십간은 6바퀴, 십이지는 5바퀴만큼 돌아야 합니다. 다시 말해 10과 12의 최소공배수인 60, 즉 60번 동안 톱니가 만나야 합니다. 이때 톱니가 각각 만나서 만들어지는 수를 육십갑자라고 합니다. 예순 살(60세)이 되었을 때 환갑이라고 하는 것과 관련이 깊습니다. 환갑이라 하면 생이 한 번 돌았다는 의미입니다. 그러므로 옛날에는 예순 살(60세)이 넘으면 생을 한 번 더 사는 것이라 하며 지금껏 장수한 것을 축하했습니다.

6. 큰 세계와 작은 세계를 표현하는 수

사람의 몸에는 약 60조~100조 개의 세포가 있고, 세포 한 개에는 약 100조 개의 원자가 있습니다.

따라서 사람 몸에는 약 10,000,000,000,000,000,000,000,000,000개의 원자가 있는 셈입니다. 그런데 이 큰 수를 간단하고 편리하게 나타낼 방법은 없을까요?

01 거듭제곱

수학은 간단하게 표현해야 합니다. 길고 복잡한 식이나 수는 오해와 혼란을 가져오기 때문입니다. 수학의 언어는 간결하다는 의미에서 일반 언어와 다릅니다. 간결하게 나타내기 위해 새로운 표현과 새로운 기호를 약속합니다. 예를 들어 같은 수를 반복하여 더하는 대신 곱하기 기호를 사용해 간단히 표현합니다.

$$2+2+2+2+2=2\times5$$

같은 수를 곱하는 것도 역시 간단한 표현으로 약속합니다.

$$2\times2\times2\times2\times2=2^5$$

이렇게 같은 수를 여러 번 곱하는 것을 거듭제곱이라 합니다. 이 방법은 큰 수나 작은 수를 간단하게 표현할 수 있어 사람들이 수를 표현하고 계산을 하는 데 큰 도움이 되었습니다. 다음 두 문장의 표현을 확인해 보세요.

① 빛은 1년 동안 약 9,460,800,000,000km=9.4608$\times 10^{12}$km를 진행한다.
② 원자의 크기는 약 0.0000000001m=$\frac{1}{10^{10}}$ m이다.

거듭제곱이 없었다면 저 큰 수를 하나씩 읽고 써야만 했을 것입니다. 반대로 아주 작은 수는 크기를 알기 위하여 소수점 아래의 0의 개수를 일일이 확인해야 했을 것입니다.

02 우주의 먼지보다 작은 우리

2021년, 현대 인류가 관측할 수 있는 우주의 크기는
약 879,800,000,000,000,000,000,000km=8.798$\times 10^{23}$km라고 합니다.

우주에서의 지구는 공중에 떠다니는 먼지보다도 작은 존재입니다. 없는 것이라 해도 될 정도입니다. 하지만 이 작은 지구에 사는 우리는 상상하기조차 어려운 큰 우주의 비밀을 조금이나마 이해하고 더 많이 알려고 애를 씁니다.

인간은 생활하는 데 필요한 물건을 만들거나, 활용하는 데 필요한 다양한 지식을 이해했습니다. 자동차의 원리, 우리 몸의 구조 그리고 우리가 사는 지구에 대해 어느 정도 이해하고 정복했다고 할 수 있습니다. 지금은 많은 과학자가 세균, 원자, 소립자와 같은 아주 작은 세계와 은하, 우주, 블랙홀과 같은 아주 큰 세계의 또 다른 비밀을 이해하고 정복하기 위해 노력하고 있습니다.

03 기하급수적 증가

"거리 두기 지키면 유행 통제 쉬워져⋯⋯ 이번 주, 다음 주가 전망을 결정."

2020년 한때, '코로나19' 국내 확진자 수가 급격하게 증가했습니다. 아래 그래프를 보세요. 어느 시점부터 그래프가 급격하게 꺾이는 것을 볼 수 있지요?

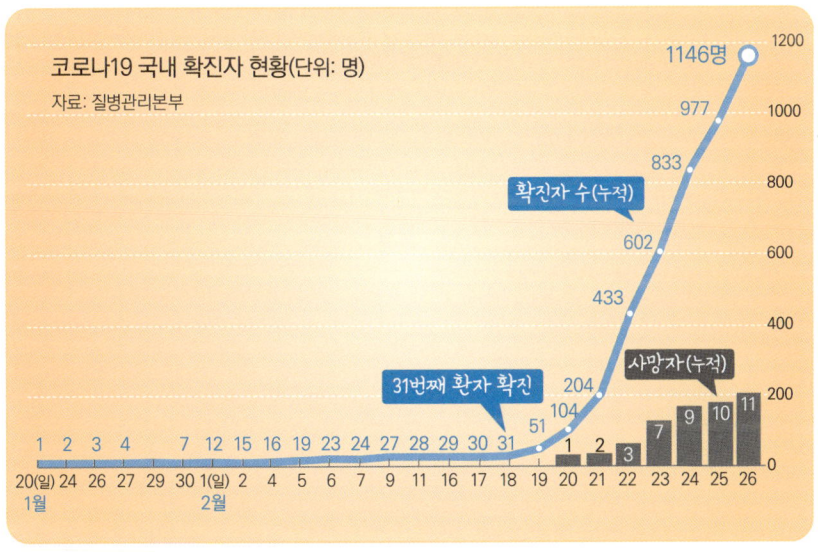

보통 산술급수적으로 증가한다는 말은 2, 4, 6, 8, 10, ……처럼 일정한 값으로 증가하는 것을 말합니다. 반면에 기하급수적으로 증가한다는 말은 아래 식처럼

$$2,\ 4(=2^2),\ 8(=2^3),\ 16(=2^4),\ \cdots\cdots$$

앞의 수에 동일한 수를 곱해 얻어진 수만큼 증가한다는 뜻입니다.

실생활에서 우리는 급속도로 증가한다는 의미로 기하급수적으로 증가한다는 말을 많이 사용합니다. 실제로 우리의 느낌보다 증가 속도가 훨씬 빠릅니다.

신문지 접기 실험을 통해 기하급수적 증가의 의미를 확인할 수 있습니다. 두께가 0.1mm인 신문지를 반으로 접는 과정을 반복해 보세요. 한 번 접으면 0.2mm, 두 번 접으면 0.4mm, 세 번 접으면 0.8mm가 됩니다. 이런 식으로 64번 접으면 신문지의 두께는 얼마가 될까요? 사실 64번을 접을 수 없습니다. 10번 접기도 쉽지 않지요. 만약 64번 접을 수 있다면, 이를 계산하면 신문지의 두께는 0.1×2^{64}mm가 됩니다. 이 값을 km로 환산한 다음, 아래 참고 를 활용해 지구와 태양 사이의 거리인 1.5×10^8km와 비교해 보세요.

참고 $2^{64}=18,446,744,073,709,551,616$

한 걸음 더 깊이

종말은 언제 올까?

고대 인도의 사원에 막대 세 개가 있습니다. 신은 막대 중 하나에 원판 64장을 크기가 큰 것부터 아래에 놓이도록 쌓아 놓았습니다. 신은 승려들에게 쉬지 않고

원판을 한 장씩 옮겨 다른 빈 막대 중 하나에 모두 옮겨 놓으라고 명령했습니다. 64개의 원판이 본래의 자리를 떠나 다른 한 막대로 모두 옮겨졌을 때, 세상의 종말이 온다고 합니다.

하나의 원판을 옮기는 데 1초가 걸린다면 종말은 언제 올까요? 규칙은 다음과 같습니다.

① 한 번에 한 개의 원판만을 옮긴다.
② 큰 원판을 작은 원판 위에 놓을 수 없다.
③ 원판은 모두 세 막대 중에서 어느 한 막대에 꽂혀야 하며 바닥에 놓아서는 안 된다.

원판이 2개인 경우는 총 3번(2^2-1번) 즉, 3초가 걸립니다.

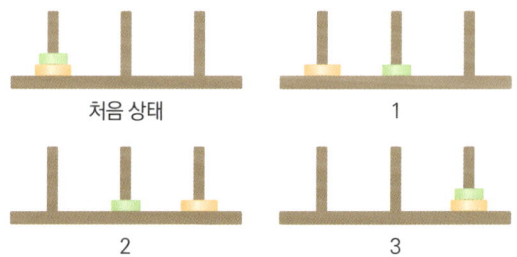

원판이 3개인 경우는 3초+1초+3초=7초가 걸립니다. 이유는 다음과 같습니다.
① 큰 원판을 제외한 원판 2개를 가운데 막대에 옮기는데 3초
② 큰 원판 1개를 오른쪽 끝 막대에 옮기는데 1초
③ 가운데 원판 2개를 오른쪽 막대 큰 원판 위에 옮기는데 3초
　　(원판 3개인 경우)=(원판 2개인 경우)+1초+(원판 2개인 경우)
　　　　　　　　　=3초+1초+3초
　　　　　　　　　=7초

그런데 $3=2^2-1$이고 $7=2^3-1$이므로 다음과 같이 표현할 수 있습니다.
원판이 3개인 경우는 $(2^2-1)+1+(2^2-1)=(2^3-1)$초가 걸립니다.

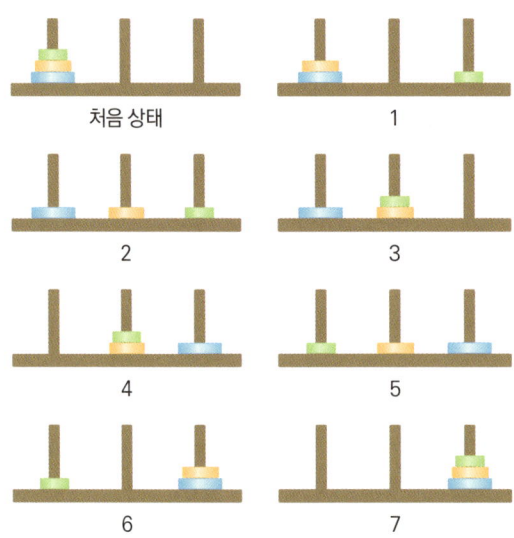

원판이 4개인 경우는

(원판 4개인 경우) = (원판 3개인 경우) + 1초 + (원판 3개인 경우)

  = 7초 + 1초 + 7초

  = 15초

그런데 $7=2^3-1$이고 $15=2^4-1$이므로 다음과 같이 표현할 수 있습니다.
원판이 4개인 경우는 $(2^3-1)+1+(2^3-1)=(2^4-1)$초가 걸립니다.

이와 같은 방법으로 원판이 64개인 경우도 계산할 수 있습니다.

원판 64개인 경우 = (원판 63개인 경우) + 1 + (원판 63개인 경우)이므로

  $(2^{63}-1)+1+(2^{63}-1)=(2^{64}-1)$초가 걸립니다.

> **도전하기 5**
>
> $(2^{64}-1)$초는 며칠일까요? 아니면 몇 달이나 몇 년일까요? 계산하기 전에 답을 미루어 짐작해 보고, 아래 힌트를 사용해서 계산하여 얻은 답과 비교해 보세요.
>
> 💡 **힌트** $2^{10} = 1024$, $2^{64} = (2^{10})^6 \times 2^4$
>
> 1) 100년 미만
> 2) 100년 이상 100만 년 미만
> 3) 100만 년 이상 46억 년 미만 (참고 : 지구의 나이 약 46억 년)
> 4) 46억 년 이상 137억 년 미만 (참고 : 우주의 나이 약 137억 년)
> 5) 137억 년 이상

논리와 근거의 학문, 수학

위의 도전 문제에서 느낌으로 정한 답과 계산에서 얻은 답은 어떠했나요? 아마 크게 차이가 난 사람이 생각보다 많을 것입니다.

만약 지금 여러분이 수학을 느낌과 지레짐작으로 공부하고 있다면 잠깐 공부를 멈추는 것이 좋습니다. 어린 시절, 분수의 덧셈을 계산할 때 느낌과 지레짐작으로 분모는 분모끼리 분자는 분자끼리 더했다가 틀린 기억이 생생합니다.

$$\frac{2}{3} + \frac{4}{5} = \frac{2+4}{3+5} = \frac{6}{8} = \frac{3}{4}$$

이 경험으로 수학의 진정한 의미와 재미를 알기 시작했고 수학을 가르치는 교사가 될 수 있었습니다.

물론 풀이법을 생각하고 답을 가늠하는 과정에서 답을 짐작할 수는 있지만, 항상 논리와 원칙을 근거로 참인지 아니면 거짓인지 확인해야 합니다. 이것이 바로 수학입니다.

7. 알고 싶으면 분해하라

01 분해하기

방문 손잡이가 고장 났다면, 어떻게 고칠 수 있을까요? 아마 분해해서 문고리 안에 부속품을 고치거나 새 문고리로 교체하겠지요? 우리가 어떤 것을 분해한다면 문제를 해결할 수 있고 원하는 방향으로 변화를 줄 수도 있으며, 새로운 것을 만들 수도 있습니다. 망가진 손잡이를 직접 고치는 것을 시작으로 사용하지 않는 것들을 분해하여 새로운 것을 만드는 예술가가 될 수도 있지요.

1990년 초, 처음으로 컴퓨터를 샀습니다. 지금 컴퓨터에 비하면 용량도 성능도 부족했지요. 얼마 후, 뚜껑을 열어 부품들을 분해했습니다. 중앙처리장치(CPU), 메모리, 하드디스크, 전력 공급 장치까지 하나씩 분해했더니 컴퓨터의 작동 원리를 대강 이해할 수 있었습니다. 이렇게 컴퓨터에 대해 간단하게나마 이해하게 되자 고장 난 부품을 직접 고치고 성능도 높일 수 있는 정도까지 발전하게 되었습니다.

　현재 과학 기술은 인간의 유전자를 분해하고 분석하는 단계에 이르렀습니다. 유전자지도를 통하여 유전에 관한 많은 비밀을 알게 되었고 전에는 불치병으로 알려진 유전병을 치료하거나 알맞은 치료제를 개발할 수 있게 되었습니다. 또 앞으로 생길지 모르는 병을 예측하여 예방할 수도 있게 되었습니다. 인간의 유전자를 분해·분석할 수 있었기에 가능했던 것입니다. 분해는 문제를 해결하고 새로운 것을 만드는 것의 핵심입니다.

02 소수와 합성수

1보다 큰 자연수 중에서 2, 3, 5 등과 같이 1과 그 수 자신만을 약수로 가지는 자연수를 소수라고 합니다. 이에 달리 4, 6, 8 등과 같이 1과 그 자신 이외에 또 다른 약수를 가지는 자연수를 합성수라고 합니다. 이때 1은 소수도 합성수도 아닙니다.

1에서 50까지의 자연수 중에서 다음과 같은 방법으로 소수를 찾아봅시다.

1	2	3	4	5	6	7	8	9	10
11	12	13	14	15	16	17	18	19	20
21	22	23	24	25	26	27	28	29	30
31	32	33	34	35	36	37	38	39	40
41	42	43	44	45	46	47	48	49	50

① 1은 소수가 아니므로 지운다.

② 소수 2를 남기고 2의 배수를 지운다.

③ 소수 3을 남기고 3의 배수를 지운다.

④ 소수 5를 남기고 5의 배수를 지운다.

⑤ 소수 7을 남기고 7의 배수를 지운다.

이와 같은 과정을 계속하여 남은 수 2, 3, 5, 7, 11, 13, 17, 19, …은 소수입니다. 이러한 방법으로 소수를 구하는 것을 '에라토스테네스의 체'라고 합니다. 소수는 무한하며 아주 불규칙하게 나타나 다루기가 어렵지만, 자연수의 성질을 이해하는 데 중요한 역할을 합니다. 마치 물질을 이루는 원자와 비슷하지요.

03 소인수분해

자연수를 소수의 곱으로 나타내는 것을 소인수분해라고 합니다. 예를 들어 72를 소인수분해 하면 다음과 같습니다.

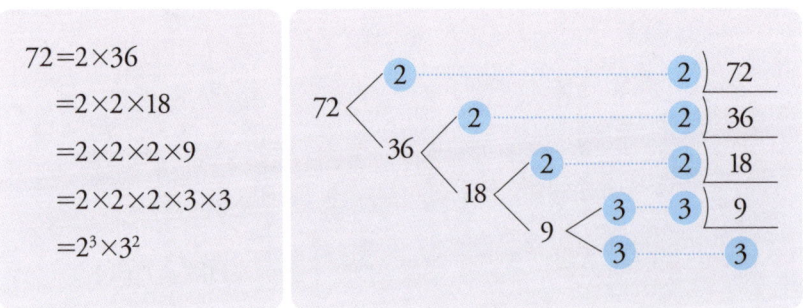

자연수를 소인수분해 하면 약수와 약수의 개수를 구할 수 있습니다. 54의 약수를 구하는 과정에서 어떻게 약수와 약수의 개수를 구하는지 알아봅시다. 먼저 54를 소인수분해 하면 $54=2\times3^3$입니다. 아래와 같이 표를 만들면 54의 약수를 구할 수 있습니다.

×	1	3	3^2	3^3
1	1×1=1	1×3=3	$1\times3^2=9$	$1\times3^3=27$
2	2×1=2	2×3=6	$2\times3^2=18$	$2\times3^3=54$

그러므로 54의 약수는 1, 2, 3, 6, 9, 18, 27, 54이고 모두 8개입니다.

한 걸음 더 깊이

원을 분해하여 넓이를 구하다

원의 넓이를 구하는 공식은 이미 알고 있지요? 반지름이 r인 원의 경우, 그 넓이는 원주율 π와 반지름의 제곱으로 나타낼 수 있습니다.

$$(\text{반지름이 } r \text{인 원의 넓이}) = \pi r^2$$

이 공식은 어떻게 나왔을까요? 원을 분해하면 쉽게 알 수 있습니다. 원을 잘게 쪼개 피자 조각처럼 만든 다음, 어긋나게 배열하세요. 다음 그림처럼요. 점점 직사각형 모양이 되는 것을 알 수 있지요? 이제 원의 둘레는 거의 직선이 되고 모양은 직사각형이 되었습니다. 가로와 세로를 곱하면 직사각형의 넓이, 즉 원의 넓이를 구할 수 있습니다.

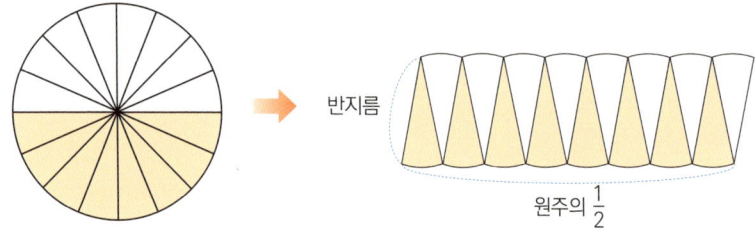

인수분해

중학교 3학년이 되면 인수분해를 배우게 됩니다. 인수분해란 어떤 식을 더 간단한 식의 곱으로 나타내는 것을 말합니다. 앞서 살펴본 자연수의 소인수분해도 인수분해의 한 종류랍니다. 인수분해는 방정식의 해를 구하는 데 사용할 수 있습니다. 또 식을 도형으로 그리는 데도 중요한 역할을 하지요.

다음 식을 보세요.

$$x^2+3x+2 \rightleftarrows (x+1)(x+2)$$

참고

$$\underbrace{x^2+3x+2}_{\text{합의 모양}} \xrightleftharpoons[\text{전개}]{\text{인수분해}} \underbrace{(x+1)(x+2)}_{\text{곱의 모양}}$$

(인수: $(x+2)$)

x^2+3x+2라는 식을 인수분해 한 것입니다.

이 식은 각각 인수 $(x+1)$과 $(x+2)$의 곱으로 나타낼 수 있습니다.

인수분해를 이용하여 다음과 같이 2차 방정식의 해도 구할 수 있습니다.

$x^2+3x+2=0$일 때 $(x+1)(x+2)=0$입니다.

곱해서 0이 되려면 두 인수 중 하나는 0이 되어야 하므로 $(x+1)=0$ 또는 $(x+2)=0$입니다. 따라서 방정식의 해는 $x=-1$ 또는 -2입니다. 중학교 3학년 때 배우게 되니 아직 이해하지 못해도 괜찮습니다.

미분

혹시 미분이라는 말을 들어 본 적이 있나요? 학원 광고나 문제집 표지에서 한 번쯤은 보았을 수도 있습니다. 미분은 고등학교에서 배웁니다. 미분을 간단하게 설명하면 곡선을 잘게 쪼개어 계단 형태로 만드는 것입니다. 곡선을 아주 작은 선, 즉 길이가 0에 가까운 선으로 분해하여 곡선의 성질을 연구하지요. 결국 미분도 분해하는 학문이라 할 수 있습니다.

미분을 배우면 여러분이 던진 돌의 속도와 방향 그리고 착지점을 예측할 수 있습니다. 또 경제의 변화를 분석하고 예측할 수 있으며 크게는 행성의 움직임에 담긴 비밀도 알 수 있습니다.

수학을 잘하고 싶지요? 그러면 먼저 분해하세요. 복잡하고 어려울수록 분해하여 아주 작은 것부터 해결하세요. 생각보다 더 많은 문제를 풀 수 있답니다.

생존에 수학을 이용한 매미

매미는 6~7년, 길게는 10년이 넘게 땅속에서 나무뿌리의 진액을 섭취하며 삽니다. 북아메리카에는 17년을 주기로 한 번씩 크게 번식하는 매미가 있는데, 이들을 17년 매미라고 부릅니다. 또 17년 매미가 발생하는 지역에서 약간 남쪽에 있는 지역에는 13년을 주기로 크게 번식하는 13년 매미가 삽니다. 이 두 매미가 애벌레로 사는 기간이 각각 17년과 13년이기 때문에 다음 번식기를 정확히 예측할 수 있습니다.

13년 매미와 17년 매미가 동시에 크게 번식하는 데는 221(13×17, 13과 17의 최소공배수)년이 걸립니다. 두 매미의 삶의 주기가 소수이므로 서로 동시에 크게 번식하는 경우는 221년에 한 번뿐이란 뜻입니다. 그렇기 때문에 두 매미는 서로 영향을 주고받기 힘듭니다.

　매미를 잡아먹는 천적도 삶의 주기가 있습니다. 만약 천적의 삶의 주기가 3년 또는 4년이라고 하고, 매미의 삶의 주기가 소수가 아닌 15년 또는 16년이라면, 이는 각각 3년과 4년의 배수이므로 상당수의 매미는 천적과 같은 해에 번식하게 되어 천적에게 대부분 잡아먹힐 것입니다. 하지만 주기가 13년과 17년인 매미는 천적과 같은 해에 번식하는 일이 매우 드뭅니다. 결국 매미는 소수의 성질을 이용하여 천적의 피해를 최소화하는 생존의 지혜를 얻은 셈입니다.

소수와 암호

11438162575788886766923577997614661201021829672124236256256184293570693
5245733897830597123563958705058989075147599290026879543541 = p×q

p = 3490529510847650949147849619903898133417764638493387843990820577

q = 32769132993266709549961988190834461413177642967992942539798288533

아주 큰 소수를 빠르게 구하는 정확한 공식은 아직 찾지 못했습니다. 또한 큰 소수의 곱으로 이루어진 수를 소인수분해 하려면 시간이 아주 오래 걸리고 어렵습니다. 이 사실을 이용하여 현재의 암호 체계가 만들어졌습니다.

　학자들은 좀 더 큰 소수를 찾기 위해 노력하고 있습니다. 미국의 한 재단은 천만 자리 이상의 소수를 발견할 경우 10만 달러의 상금을 준다고 발표할 정도였지요. 2008년에는 한 대학 수학 연구팀이 천만 자리가 넘는 소수를 발견했습니다. 그러자 미국의 재단은 이제 일억 자리가 넘는 소수를 발견하는 사람에게 15만 달러를, 십억 자리가 넘는 소수를 발견하는 사람에게는 25만 달러의 상금을 주겠다고 했습니다. 이렇게 큰 소수를 찾으려는 이유는 바로 소수로 암호를 만들 수 있기 때문입니다.

아주 큰 두 소수의 곱으로 이루어진 합성수의 소인수분해는 최신 컴퓨터라 해도 긴 시간이 걸립니다. 이것이 바로 암호를 만드는 핵심이 됩니다. 암호 기술은 흔히 '창과 방패의 싸움'이라고 합니다. 암호를 푸는 첨단 기술이 등장할 때마다 이에 뚫리지 않는 새로운 암호 체계를 만들어야 했기 때문이지요.

최근에는 슈퍼컴퓨터로 이용해 푸는 데만 1만 년이 걸릴 문제를 200초 만에 해결하는 양자컴퓨터가 등장했습니다. 양자컴퓨터의 등장으로 현재까지의 소수를 이용한 암호 체계가 위협받고 있습니다. 이른 시일 내에 뚫리지 않는 암호 체계가 필요한 시점입니다. 미래에는 소수를 이용한 암호 체계가 더 이상 제 역할을 하지 못할지도 모릅니다.

> **참고** 가장 큰 소수
>
> 2018년까지 발견된 가장 큰 소수는 $2^{82589933}-1$이다. 이 수의 값을 십진법으로 공책에 쓴다면, 공책이 몇 권 필요할까?

> **참고** 메르센 소수
>
> 수학자 '메르센'은 2^n-1(단, n은 소수) 형태의 수 중 많은 수가 소수임을 발견했다. 이를 메르센 소수라 부른다. 메르센 소수는 큰 소수를 찾는 데 쓸모가 있다.
>
> $$2^n-1$$
> $$2^2-1=3$$
> $$2^3-1=7$$
> $$2^5-1=31$$
> $$\cdots$$
> $$2^{31}-1=2{,}147{,}483{,}647$$

불규칙하게 나타나는 소수

자연수에서 소수는 아주 불규칙하게 나타납니다. 규칙은 전혀 찾아볼 수 없지요. 언제 나타날지 예측할 수도 없습니다. 많은 수학자는 이 제멋대로이고 고약한 소수에 인생을 걸며 연구하고 있습니다.

그중 '리만'이라는 수학자는 불규칙한 상황에서도 어느 정도 짐작할 수 있는 패턴을 예측했습니다. 이를 '리만 가설'이라 합니다. 이 리만 가설은 양자물리학의 핵심 분야와도 연결되어 있음이 밝혀졌습니다. 소수가 물리학의 가장 핵심인 양자물리학과 연결되어 있다는 사실에 많은 과학자와 수학자가 열광했습니다. 언젠가 소수를 통해 아직 해결하지 못한 물리적 원리를 이해하고, 비밀을 알아낼 수 있기를 바랍니다.

8. 정수

기온을 나타낼 때 섭씨 0도(0℃)를 기준으로 20도 높은 온도를 영상 20도, 20도 낮은 온도를 영하 20도라고 합니다. 이때, 영상의 온도에는 '+', 영하의 온도에는 '-' 부호를 붙여서 다음과 같이 나타낼 수 있습니다.

영상 20도 → +20℃

영하 20도 → -20℃

이처럼 우리의 일상생활에서 이익과 손해, 어떤 시간을 기준으로 그 전과 후, 어떤 양의 증가와 감소 등 서로 반대되는 성질을 가지는 것들을 구분하여 나타내면 매우 편리합니다.

01 정수

자연수 1, 2, 3, 4, …에 양의 부호(+)를 붙인 수 +1, +2, +3, +4, …을 양의 정수라고 하고, 음의 부호(-)를 붙인 수 -1, -2, -3, -4, …을 음의 정수라고 합니다. 이렇게 양의 정수, 0, 음의 정수를 통틀어 정수라고 합니다.

한편, 양의 정수 +1, +2, +3, …은 양의 부호를 생략하고, 1, 2, 3, …과 같이 나타낼 수 있으므로 자연수와 같습니다. 이때 0은 양의 정수도 음의 정수도 아님을 잊지 마세요. 정수를 정리하면 다음과 같습니다.

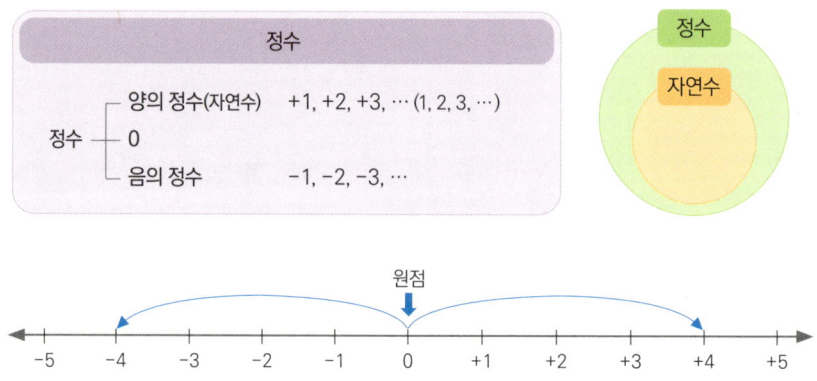

수직선 위에서 +4를 나타내는 점과 -4를 나타내는 점은 원점으로부터 거리가 모두 4이고, 원점에 대하여 대칭인 위치에 있습니다.

이처럼 수직선 위에서 수를 나타내는 점과 원점과의 거리를 그 수의 절댓값이라고 합니다. 어떤 수 a의 절댓값을 나타낼 때는 절댓값 기호(| |)를 사용하여 $|a|$와 같이 나타내며, a의 절댓값이라고 읽습니다. 예를 들어 +4의 절댓값은 4이고, -4의 절댓값도 4입니다. 즉, $|+4|=4$, $|-4|=4$로 +4와 -4의 절댓값은 같습니다.

02 0의 세 가지 역할

(1) 자릿값을 구별하기 위해 쓰이는 수

자연수 2008과 20008을 나타낼 때 0이 없다면, 두 자연수를 구별할 수 있을까요? 당연히 구별할 수 없습니다. 이렇게 0은 자릿값을 구별하는 데 반드시 필요합니다.

(2) 없는 것을 나타내는 수

사탕 7개를 친구들과 모두 나누어 먹었다면, 남은 사탕은 모두 몇 개인가요? 당연히 7-7=0입니다. 이때 0은 없다는 의미의 0이지요.

(3) 기준을 나타내는 수

정수라는 개념은 0이 기준을 나타내는 수로 인정받았기 때문에 받아들여질 수 있었습니다. 기준점인 0보다 크면, 즉 오른쪽에 있는 정수는 양의 정수, 반대로 0의 왼쪽에 있는 정수는 음의 정수라 했습니다. 기준점 0보다 작은 수를 인정함으로써 음의 정수의 개념이 받아들여진 것이지요.

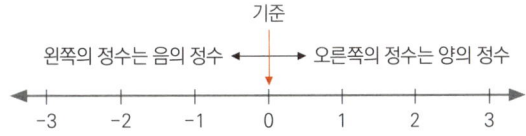

03 음수 이야기

책 2권, 돈 10000원 등은 눈에 보이며 손으로 확인할 수 있습니다. 그렇다면 책 –2권 그리고 돈 –10000원은 어떤가요? 당연히 만질 수도, 보고 싶어도 볼 수 없습니다.

하지만 조금만 생각을 바꾸면 만질 수도, 눈으로 볼 수도 없는 것을 머릿속에서 상상으로 그려낼 수 있습니다. –2권은 친구에게 돌려줘야 하는 책, –10000원은 친구에게 갚아야 하는 돈이라고 생각하면 어떤가요? 이처럼 실생활에서는 0보다 작은 수가 필요하다는 것을 알 수 있습니다.

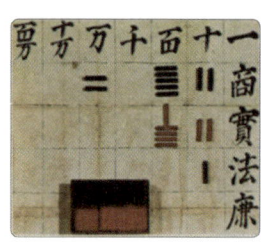

자연수는 오래전 자연스럽게 발견되어 사용되었습니다. 하지만 0보다 작은 음수를 발견하는 데는 오랜 세월이 흘러야만 했습니다. 최초로 음수를 이해하고 사용했던 곳은 중국으로 알려져 있습니다. 음수를 나타내는 막대는 왼쪽 그림처럼 빨간색으로 표시했습니다. 손해를 뜻하는 '적자'라는 말이 바로 여기에서 유래한 것입니다.

서양의 수학자들도 음수를 알고 있었지만 음수를 상상의 수, 불합리한 수 그리고 가짜 수로 여겼습니다. 그래서 처음에는 음수를 두려워하며 거부했다고 합니다. 물론 지금은 없어서는 안 될 수이지만요. 이렇게 음수는 오랜 시간이 흘러서야 그 가치를 인정받고 널리 사용되었습니다.

04 정수의 계산

정수의 덧셈과 뺄셈

$$(+2)-(-3)=(+2)+(+3)$$

위의 식을 계산하세요. 답은 쉽게 구할 수 있지요? 그렇다면 '빼는 수의 부호를 바꾸어 더하는 이유'에 대해서도 설명할 수 있나요? 문제를 푸는 방법만 배운다면 왜 부호를 바꿔야 하는지 모르고 기계처럼 계산만 하게 됩니다. 앞서 말했듯, 수학 실력은 질문을 통해 기를 수 있습니다. 지금부터 여러 가지 방법으로 그 이유를 찾아봅시다.

방법1 같은 값의 (+)와 (-)가 만나면 0이 됩니다. 그러므로 (+)3과 (-)3이 있으면 0이 되는 것을 이용할 수 있습니다. (+)2에 (+)3과 (-)3을 더한 다음에 (-)3을 없애면 (+)5만 남습니다.

그러므로 (+)2-(-3)=(+5)입니다.

방법2 수직선을 이용하여 나타냅니다.

문제를 해결하기에 앞서 오른쪽으로 가는 것을 (+)로, 왼쪽으로 가는 것을 (−)로 약속합니다. (+2)−(−3)을 계산하려면, 먼저 (+2)가 있으므로 오른쪽으로 두 칸을 갑니다. 여기에서 (−3)을 빼려면 왼쪽으로 가야 하는데 왼쪽으로 간 것이 없습니다. 그래서 오른쪽으로 세 칸(+3), 그리고 다시 왼쪽으로 세 칸(−3) 가는 것, 즉 결과적으로는 움직이지 않은 것을 설정합니다. 그다음 왼쪽으로 세 칸(−3)을 빼주면 (+2)−(−3)을 (+2)+(+3)으로 계산할 수 있는 것을 알 수 있습니다.

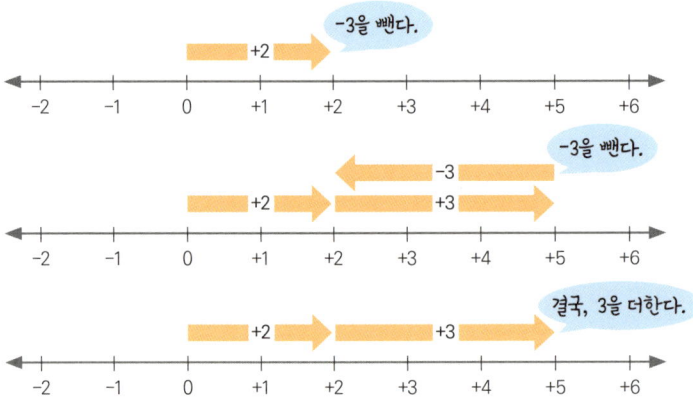

방법3 덧셈의 결합법칙과 (+3)+(−3)=0을 이용하여 나타냅니다.

(+2)−(−3)

=(+2)+0−(−3)

=(+2)+{(+3)+(−3)}−(−3)

=(+2)+(+3)+{(−3)−(−3)}

=(+2)+(+3)

=(+5)

정수의 곱셈

현재의 지점을 기준으로 동쪽을 양의 부호로 나타내기로 약속하면 서쪽은 음의 부호로 나타낼 수 있습니다. 마찬가지로, 현재 시각을 기준으로 몇 시간 후를 양의 부호, 몇 시간 전을 음의 부호로 나타낼 수 있지요. 속도와 시간, 거리 사이에는 (속도)×(시간)=(거리)의 관계가 있으므로 다음과 같은 사실을 발견할 수 있습니다.

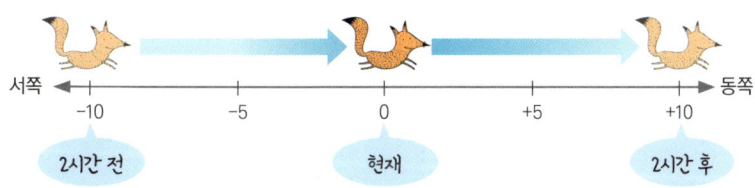

(양의 정수)×(양의 정수)

① 동쪽으로 시속 5km → (+5)

② 2시간 후 → (+2)

결국, 2시간 후 여우의 위치는 동쪽으로 10km(+10)

(+5)×(+2)=(+10)

(양의 정수)×(음의 정수)

① 동쪽으로 시속 5km → (+5)

② 2시간 전 → (-2)

결국, 2시간 전 여우의 위치는 서쪽으로 10km(-10)

(+5)×(-2)=(-10)

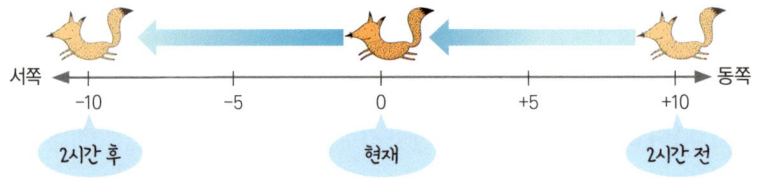

(음의 정수)×(양의 정수)

① 서쪽으로 시속 5km → (−5)

② 2시간 후 → (+2)

결국, 2시간 후 여우의 위치는 서쪽으로 10km → (−10)

(−5)×(+2)=(−10)

(음의 정수) × (음의 정수)

① 서쪽으로 시속 5km → (−5)

② 2시간 전 → (−2)

결국, 2시간 전 여우의 위치는 동쪽으로 10km → (+10)

(−5)×(−2)=(+10)

음수와 음수의 곱셈

음수(−)와 음수(−)를 곱하면 양수(+) 값이 나옵니다. (−3)×(−2) 식을 여러 가지 방법으로 설명해 볼까요?

방법1

(−3)×(+2)는 0에 (−3)짜리 두 묶음을 더하는 것과 같습니다.

따라서 (−3)×(+2)=0+(−3)+(−3)이라 할 수 있습니다.

이와 같은 방법으로

(−3)×(−2)는 0에 (−3)짜리 두 묶음을 빼는 것으로 생각할 수 있습니다.

따라서 (−3)×(−2)=0−(−3)−(−3)이라 할 수 있습니다.

먼저 서로 0이 되는 음수와 양수 한 쌍 6개를 넣습니다. 여기서 (−3)개짜리 두 묶음을 빼면 (+1)이 6개가 남습니다. 따라서 (−3)×(−2)=(+6)입니다.

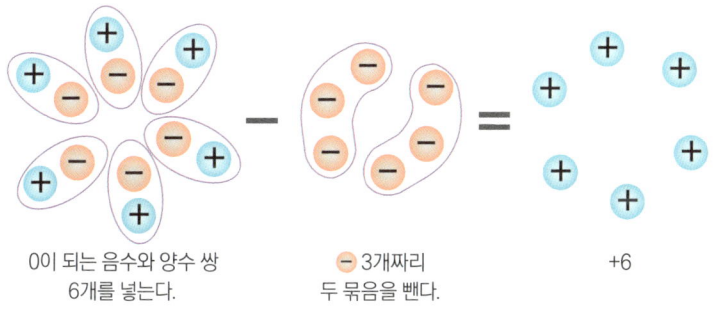

0이 되는 음수와 양수 쌍 6개를 넣는다.   −3개짜리 두 묶음을 뺀다.   +6

방법2

(−1)을 곱하는 것을 부호가 반대로 바뀌는 것으로 생각하면 (−3)×(−1)=(+3)이 됩니다. 여기에 곱셈의 결합법칙을 이용하면 다음과 같습니다.

(−3)×(−2)

=(−3)×{(−1)×(+2)}

={(−3)×(−1)}×(+2)

=(+3)×(+2)

=(+6)

방법3

(−3)×(+1)=(−3)

$(-3) \times 0 = 0$

$(-3) \times (-1) = (+3)$

결괏값이 3씩 증가하므로 $(-3) \times (-2) = (+6)$입니다.

방법4

$(-2) \times (-3)$

$= (-2) \times (-3) + 0$

$= (-2) \times (-3) + 0 \times (+3)$

$= (-2) \times (-3) + \{(-2) + (+2)\} \times (+3)$

$= (-2) \times (-3) + (-2) \times (+3) + (+2) \times (+3)$

$= (-2) \times \{(-3) + (+3)\} + (+2) \times (+3)$

$= (-2) \times 0 + (+2) \times (+3)$

$= 0 + (+2) \times (+3)$

$= (+2) \times (+3)$

$= (+6)$

도전하기 6 다음은 $(-1) \times (-1) = 1$이 되는 과정을 **방법4** 를 이용하여 나타낸 것입니다. □ 안에 알맞은 수를 쓰세요.

$(-1) \times (-1)$

$= (-1) \times (-1) + 0$

$= (-1) \times (-1) + \square \times 1$

$= (-1) \times (-1) + (-1+1) \times 1$

$= (-1) \times (-1) + (-1) \times 1 + 1 \times 1$

$= (-1) \times (-1+1) + 1 \times 1$

$= (-1) \times \square + 1 \times 1$

$= \square + 1$

$= 1$

9. 유리수

나눗셈, 분수, 비율, 비는 모두 같은 개념입니다. 갑자기 무슨 말인가 싶지요? 나눗셈은 분수로 표현할 수 있습니다. 예를 들어

$$2 \div 10 은 \frac{2}{10} = \frac{1}{5} 입니다.$$

비율은 기준이 1입니다. 분모가 1일 때 분자의 값이지요. 그러므로

$$분수 \frac{1}{5} 을 비율로 나타내면 \frac{0.2}{1} 이므로 0.2입니다.$$

퍼센트(%)는 기준이 100입니다. 분모가 100일 때 분자의 값입니다. 그러므로

$$분수 \frac{1}{5} = \frac{20}{100} 이므로 퍼센트로 나타내면 20\%입니다.$$

비는 (분자) : (분모)로 표현한 것입니다. 그러므로

$$분수 \frac{1}{5} 을 비로 표현하면 1:5가 됩니다.$$

한 걸음 더 깊이

자전거의 기어비

기어비란 페달을 한 바퀴 돌렸을 때 뒷바퀴가 굴러가는 횟수를 말합니다. 예를 들어 앞 기어에 톱니가 44개, 뒤 기어에 톱니가 11개일 경우, 기어비는 11:44, 곧 1:4가 됩니다. 이 말은 자전거의 페달을 한 바퀴 돌렸을 때 뒷바퀴는 네 바퀴를 돈다는 뜻입니다.

01 유리수

분자, 분모가 자연수인 분수로 나타낼 수 있는 수에 양의 부호를 붙인 수와 음의 부호를 붙인 수 그리고 0을 통틀어 유리수라 합니다.

분자, 분모가 자연수인 분수로 나타낼 수 있는 수에는 자연수도 있습니다. $4=\frac{12}{3}$와 같이 자연수도 분수로 나타낼 수 있습니다.

- 분수로 나타낼 수 있는 수에 양의 부호를 붙인 수 : $+\frac{3}{4}$, $+\frac{2}{5}$, $+4=+\frac{12}{3}$, …
- 분수로 나타낼 수 있는 수에 음의 부호를 붙인 수 : $-\frac{2}{3}$, $-\frac{3}{4}$, $-2=-\frac{4}{2}$, …
- 0

그리고 $+\frac{3}{4}$, $+\frac{2}{5}$, $+4=+\frac{12}{3}$와 같이 양의 부호(+)가 붙은 수를 양의 유리수 또는 양수라 하고 $-\frac{2}{3}$, $-\frac{3}{4}$, $-2=-\frac{4}{2}$와 같이 음의 부호(-)가 붙은 수를 음의 유리수 또는 음수라고 합니다. 그러나 0은 양수도 음수도 아닙니다.

여기에서 정수 -5, 0, 2는 $-5=-\frac{5}{1}$, $0=\frac{0}{1}$, $2=\frac{2}{1}$와 같이 나타낼 수 있으므로 모든 정수는 유리수입니다. 그리고 $\frac{3}{4}$, $-\frac{1}{2}$, -2.5와 같이 정수가 아닌 유리수도 있습니다.

이제부터 수라고 하면 유리수를 뜻하기로 하며, 양수인 유리수를 나타낼 때는 양의 정수에서와 같이 보통 양의 부호인 (+)를 생략하고 나타낼 것입니다.

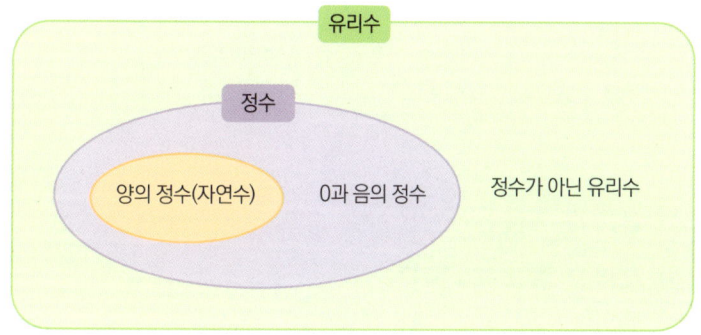

참고 여기에서 수는 유리수를 뜻하기로 한다는 것은 중학교 1학년과 2학년 과정에만 해당한다. 3학년이 되면 유리수가 아닌 수를 배우기 때문이다.

02 사칙연산 전문가 유리수

유리수끼리 덧셈과 뺄셈, 곱셈, 나눗셈을 했을 때 결괏값은 유리수입니다. 다음 질문에 답하여 보세요.

- (자연수)+(자연수)는 항상 자연수인가?

- (자연수)-(자연수)는 항상 자연수인가?
- (자연수)×(자연수)는 항상 자연수인가?
- (자연수)÷(자연수)는 항상 자연수인가?

▶ 두 자연수의 덧셈과 곱셈은 항상 자연수이다.

자연수	
3+4=7	3-4=(없다)
3×4=12	3÷4=(없다)

- (정수)+(정수)는 항상 정수인가?
- (정수)-(정수)는 항상 정수인가?
- (정수)×(정수)는 항상 정수인가?
- (정수)÷(정수)는 항상 정수인가?

▶ 두 정수의 덧셈, 뺄셈, 곱셈은 항상 정수이다.

정수	
-3+4=+1	3-4=-1
-3×4=-12	3÷(-4)=(없다)

- (유리수)+(유리수)는 항상 유리수인가?
- (유리수)-(유리수)는 항상 유리수인가?
- (유리수)×(유리수)는 항상 유리수인가?
- (유리수)÷(유리수)는 항상 유리수인가?

◐ 두 유리수의 덧셈, 뺄셈, 곱셈, 나눗셈은 항상 유리수이다(단, 0으로 나누는 것은 제외).

이처럼 0으로 나눌 때를 제외하면 유리수는 사칙연산을 모두 할 수 있습니다.

유리수

$3+4=7$ $3-4=-1$
$3×4=12$ $3÷4=\dfrac{3}{4}$

일상생활에 필요한 기본적인 계산은 사칙연산입니다. 이 밖에도 연산이 많지만 대부분 전문적인 내용이라 일상생활에서 필요한 경우는 많지 않습니다. 하지만 할인율, 타율, 이자 등은 모두 유리수가 있어야 해결할 수 있습니다. 그러므로 사칙연산이 모두 가능한 유리수야말로 생활에 필요한 최소한의 수라 할 수 있겠지요.

03 세상의 모든 것은 수

약 2500년 전 '피타고라스'는 대장장이가 망치를 두드릴 때 듣기 좋은 소리가 나는 것을 알았습니다. 이유를 연구하던 그는 현의 길이가 소리와 관계가 있다는 사실을 발견했습니다. 현을 튕겨 '도' 소리가 났을 때, 현의 길이를 $\dfrac{1}{2}$로 줄이면 한 옥타브 높은 '도' 소리가 나고, $\dfrac{2}{3}$로 줄이면 '도'보다 5도 높은 '솔' 소리가 난다는 것을 알았습니다. 음악에도 수학이 숨어 있다니 참 신기합니다.

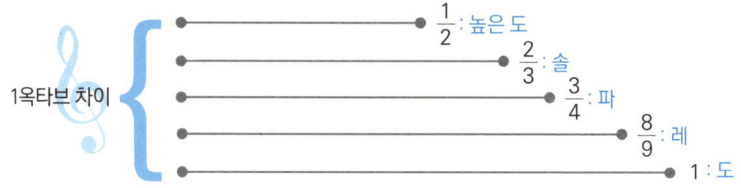

수의 힘에 감동한 피타고라스는 '세상의 모든 것은 수이다'라는 신념으로 많은 것을 수로 나타내려 했습니다. 그는 수를 성질에 따라 분류했고 수 사이의 관계를 밝혔으며 우리에게 중요한 수를 구분했습니다. 우리가 잘 알고 있는 자연수를 홀수와 짝수로 구분했고 소수, 서로소(1 이외에 공약수를 갖지 않는 수들의 관계)인 수, 삼각수, 완전수, 친화수, 피타고라스의 수 등 많은 수를 발견했습니다.

삼각수

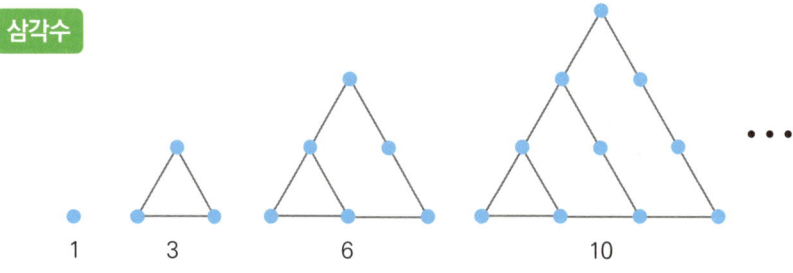

삼각수는 1부터 시작하는 연속된 자연수의 합을 나타내는 수입니다. 위와 같이 정삼각형으로 나타낼 수 있기에 삼각수라 부릅니다.

예를 들어 1, 3(=1+2), 6(=1+2+3),
10(=1+2+3+4),
15(=1+2+3+4+5), ……은 삼각수입니다.

완전수

자연수에서 그 자신의 수를 뺀 모든 약수의 합이 원래의 수가 되는 수를 완전수라 합니다. 자신을 뺀 6의 약수는 1, 2, 3입니다. 그런데 6=1+2+3이므로 6은 완전수입니다. 28이 완전수임을 직접 확인하여 보세요.

친화수

쌍으로 이루어진 각각의 수에서 자신을 뺀 약수의 합을 모두 더하면 짝을 이루고 있는 또 다른 수가 됩니다. 이 두 수를 친화수라 합니다.

두 수 220과 284에 대하여

자신을 뺀 220의 약수는 1, 2, 4, 5, 10, 11, 20, 22, 44, 55, 110이고

자신을 뺀 284의 약수는 1, 2, 4, 71, 142입니다.

그런데

220=1+2+4+71+142

284=1+2+4+5+10+11+20+22+44+55+110이므로

220과 284는 친화수입니다.

한 걸음 더 깊이

유리수에 관한 몇 가지 문제

 **7** $\frac{1}{3}$보다 크고 $\frac{1}{2}$보다 작은 유리수는 몇 개인지 구하세요.

도전하기 8 다음 그림을 보고 $\frac{1}{2}+\frac{1}{4}+\frac{1}{8}+\frac{1}{16}+\cdots=1$이 참인지 확인하세요.

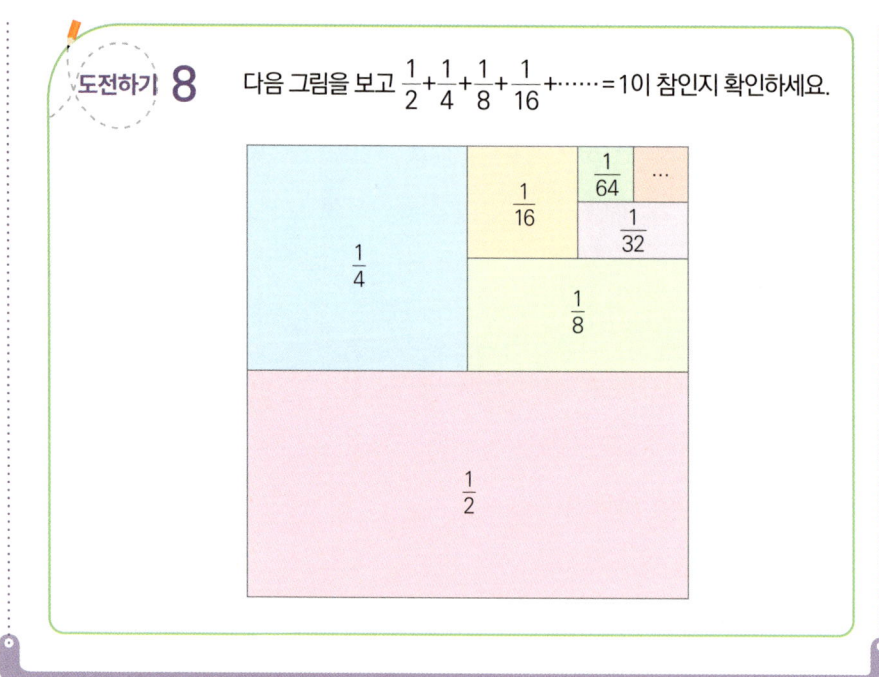

10. 재미있는 문제와 아름다운 수의 배열

01 법칙 이용해 계산하기

 9 다음을 교환, 결합, 분배법칙을 이용하여 암산으로 계산하세요.

(1) 27.6+18.8+37.4+81.2+72.4

(2) 843−(324+643)+924

(3) 9+99+999+9999

(4) 1+2+3+4+5+⋯+100

💡 힌트　　1+ 2+ 3+ 4+⋯+100
　　　　=100+99+98+97+⋯+1

한 걸음 더 깊이

도전하기 10 다음을 아래 힌트를 참고하여 계산하세요.

$$1^2+2^2+3^2+\cdots+100^2$$

🌼 **힌트** $1^2+2^2+3^2+\cdots+100^2$은 거듭제곱을 곱셈으로 바꾸고 곱셈을 덧셈으로 바꾸어 교환법칙을 이용하면 다음과 같이 세 가지로 표현할 수 있습니다.

① $\ \ \ \ 1+(\ \ 2+\ \ 2)+(\ \ 3+\ \ 3+\ \ 3)+\cdots+(100+100+\cdots+100)$
② $100+(\ 99+100)+(\ 98+\ 99+100)+\cdots+(\ \ 1+\ \ 2+\cdots+100)$
③ $100+(100+\ 99)+(100+\ 99+\ 98)+\cdots+(100+\ 99+\cdots+\ \ 1)$

위의 문제는 고등학교 다루는 수열의 기본문제입니다. 많은 학생이 공식을 외워 기계적으로 계산만 하는 것이 안타깝습니다. 공식의 증명 과정을 고등학교에서 배우기 전에 한 번 도전해 보세요. 어렵겠지만 작은 도전이 멋진 결과를 가져올 것입니다.

02 아름다운 수의 배열

규칙을 가지고 있는 자연수를 계산하면 그 결과도 규칙적입니다.

$$
\begin{array}{rcl}
1 \times 1 &=& 1 \\
11 \times 11 &=& 121 \\
111 \times 111 &=& 12{,}321 \\
1{,}111 \times 1{,}111 &=& 1{,}234{,}321 \\
11{,}111 \times 11{,}111 &=& 123{,}454{,}321 \\
111{,}111 \times 111{,}111 &=& 12{,}345{,}654{,}321 \\
1{,}111{,}111 \times 1{,}111{,}111 &=& 1{,}234{,}567{,}654{,}321 \\
11{,}111{,}111 \times 11{,}111{,}111 &=& 123{,}456{,}787{,}654{,}321 \\
111{,}111{,}111 \times 111{,}111{,}111 &=& 12{,}345{,}678{,}987{,}654{,}321
\end{array}
$$

$$
\begin{array}{rcl}
12345679 \times 9 &=& 111{,}111{,}111 \\
12345679 \times 18 &=& 222{,}222{,}222 \\
12345679 \times 27 &=& 333{,}333{,}333 \\
12345679 \times 36 &=& 444{,}444{,}444 \\
12345679 \times 45 &=& 555{,}555{,}555 \\
12345679 \times 54 &=& 666{,}666{,}666 \\
12345679 \times 63 &=& 777{,}777{,}777 \\
12345679 \times 72 &=& 888{,}888{,}888 \\
12345679 \times 81 &=& 999{,}999{,}999
\end{array}
$$

$$
\begin{array}{rcl}
1 = 1 &=& 1 \times 1 = 1^2 \\
1+2+1 = 2+2 &=& 2 \times 2 = 2^2 \\
1+2+3+2+1 = 3+3+3 &=& 3 \times 3 = 3^2 \\
1+2+3+4+3+2+1 = 4+4+4+4 &=& 4 \times 4 = 4^2 \\
1+2+3+4+5+4+3+2+1 = 5+5+5+5+5 &=& 5 \times 5 = 5^2 \\
1+2+3+4+5+6+5+4+3+2+1 = 6+6+6+6+6+6 &=& 6 \times 6 = 6^2 \\
1+2+3+4+5+6+7+6+5+4+3+2+1 = 7+7+7+7+7+7+7 &=& 7 \times 7 = 7^2 \\
1+2+3+4+5+6+7+8+7+6+5+4+3+2+1 = 8+8+8+8+8+8+8+8 &=& 8 \times 8 = 8^2 \\
1+2+3+4+5+6+7+8+9+8+7+6+5+4+3+2+1 = 9+9+9+9+9+9+9+9+9 &=& 9 \times 9 = 9^2
\end{array}
$$

한 걸음 더 깊이

파스칼의 삼각형

파스칼의 삼각형이란 자연수를 삼각형 모양으로 아래와 같은 방법으로 배열한 것을 말합니다. 화살표 방향을 관찰하면 아랫줄에 두 수의 합이 보입니다.

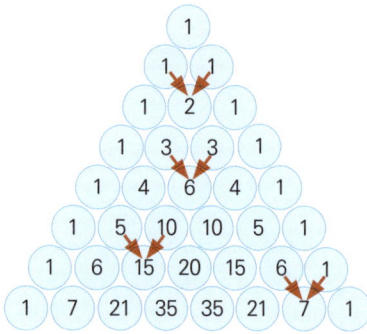

파스칼의 삼각형은 어느 중국인이 유럽에 알려 주었다고 합니다. 이 삼각형에서 흥미로운 성질을 많이 발견한 철학자이자 수학자인 '파스칼'의 이름을 따서 '파스칼의 삼각형'이라 부르게 되었지요. 파스칼의 삼각형에는 아래와 같이 여러 흥미로운 수의 배열들이 발견됩니다.

$1 = 1 = 2^0$
$1 + 1 = 2 = 2^1$
$1 + 2 + 1 = 4 = 2^2$
$1 + 3 + 3 + 1 = 8 = 2^3$
$1 + 4 + 6 + 4 + 1 = 16 = 2^4$
$1 + 5 + 10 + 10 + 5 + 1 = 32 = 2^5$
$1 + 6 + 15 + 20 + 15 + 6 + 1 = 64 = 2^6$
$1 + 7 + 21 + 35 + 35 + 21 + 7 + 1 = 128 = 2^7$
$1 + 8 + 28 + 56 + 70 + 56 + 28 + 8 + 1 = 256 = 2^8$

가로줄에 있는 수들의 합은 2^n (n=0, 1, 2, ⋯)으로 나타낼 수 있습니다.

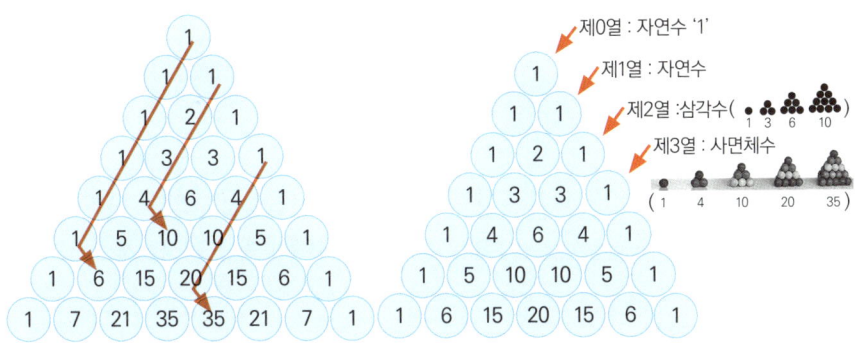

또 두 번째 그림에서 대각선 방향의 수들의 합이 다음 줄에 있음을 알 수 있습니다. 마지막으로 대각선 방향의 수들의 배열이 각각 자연수 1, 자연수, 삼각수, 사면체수로 나타납니다.

피보나치 수열

수학자 '피보나치'는 토끼의 번식과 관련된 재미있는 문제를 냈습니다. 여러분도 도전해 보세요.

도전하기 11

어떤 농부가 갓 태어난 토끼 한 쌍을 가지고 있었습니다. 이 한 쌍의 토끼는 두 달 후부터 매달 암수 한 쌍의 새끼를 낳으며, 새로 태어난 토끼도 태어난 지 두 달 후부터는 매달 암수 새끼를 한 쌍씩 낳는다고 합니다. 1년이 지나면 토끼는 모두 몇 쌍일까요?

개월	처음	1개월 후	2개월 후	3개월 후	4개월 후	5개월 후	...
토끼							
토끼 쌍의 수	1쌍	1쌍	2쌍	3쌍	5쌍	8쌍	...

세상에서 볼 수 있는 피보나치 수열

위의 토끼 문제를 해결하기 위해 필요한 수의 배열이 있습니다.

1, 1, 2, 3, 5, 8, 13, 21, …

1, 1로 시작하여 앞의 두 수를 합한 값이 다음에 나오는 수가 되는 수열입니다. 1+1=2, 1+2=3, 2+3=5, 3+5=8…과 같이 나타나며 이를 피보나치 수열이라 합니다.

피보나치 수열은 자연의 구조 속에서 자주 발견되는데 특히 꽃잎 수에 자주 등장합니다.

천남성(1장)　꽃기린(2장)　붓꽃(3장)　괭이밥(5장)

코스모스(8장)　치커리(13장)　감국(21장)

그 밖에도 앵무조개 껍데기, 태풍의 눈, 우주의 나선 은하계 등 자연계에 존재하는 많은 회오리 모양에서 다음 그림과 같이 일정한 비율로 점점 커지는 원주가 연속해서 나타납니다. 점점 커지는 각 원주의 반지름의 길이를 비율로 나타내면 1:2:3:5:8:13…로 피보나치 수열을 찾을 수 있습니다.

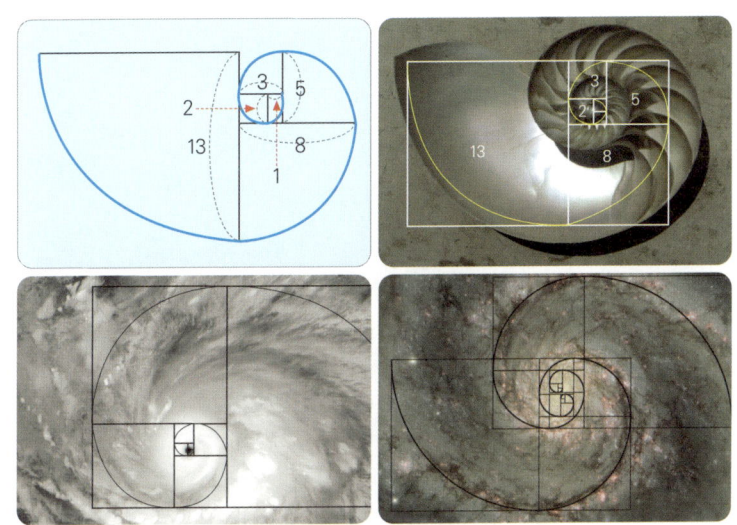

파스칼의 삼각형에서 찾을 수 있는 피보나치 수열

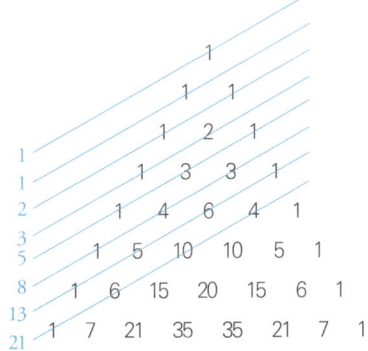

파스칼의 삼각형에서도 피보나치 수열이 숨어 있습니다. 그림처럼 일정한 방향으로 각각의 수를 더하면 1, 1, 2, 3, 5, 8…로 피보나치 수열을 이루고 있습니다.

11. 문자와 기호를 사용하는 수학

교통 표지판을 보면 언제 어디서 우회전할지, 얼마나 직진하고 어디서 멈춰야 할지 알 수 있습니다. 한번 상상해 보세요. 모든 표지판이 기호 없이 오직 글로만 되어 있다고요. 아마 표지판을 읽느라 제대로 운전하기도 힘들겠지요. 컴퓨터 키보드를 떠올려 볼까요? 한글과 알파벳 같은 문자 외에도 숫자와 다양한 모양의 기호가 있습니다. 이렇듯 우리는 이미 실생활에서 문자와 기호를 아주 친숙하게 사용합니다.

 문자와 기호를 사용하면 어떤 점이 좋을까요? 문자와 기호는 복잡하고 어려운 내용을 간단하고 쉽게 표현할 수 있습니다. 예를 들어 '우회전하시오' 대신 '⌐'를 사용하면 한눈에 보고 무엇을 뜻하는지 쉽게 알 수 있습니다. 수학에서도 마찬가지입니다. 특히 문자와 기호로 이루어진 식은 강력한 도구가 됩니다.

01 강력한 수학 언어, 식

수학은 수와 문자 그리고 기호로 이루어진 언어입니다. 여러분이 공부하는 국어, 영어와 같은 언어라니 어색하기도 하고 신기하기도 하지요? 이때 수와 문자, 기호를 사용하여 표현한 것을 식이라 합니다.

  수학은 식을 이용하여 실생활에서 일어나는 문제부터 우주에서 일어나는 문제까지 간단하게 표현합니다. 그리고 식을 변화시켜 원하는 답을 얻을 수 있고, 식에 담긴 의미도 알 수 있습니다.

  식은 일반 언어와는 다릅니다. 식은 사실을 전달하는 데 오해나 주관적인 판단이 없으며 간단하고 분명합니다. 예를 들어 '귀엽다', '아름답다'와 같이 사람마다 판단을 달리할 수 있는 것은 식으로 표현하지 않지요. 수와 문자, 기호 각각의 의미를 잘 알고 있다면 식을 본 모든 사람은 오해 없이 같은 생각을 하고 같은 판단을 내립니다. 결과에 그 어떠한 차이도 없습니다.

  수와 문자 그리고 기호를 단어로 인식하고 이를 이용하여 만든 식을 문장으로 이해한다면 '수학이란 무엇인가?'라는 질문에 대답하기가 좀 더 쉬울 것입니다. 어떻게 공부해야 하는지도 알 수 있지요.

  단어의 뜻을 알고 문장의 구조를 파악할 수 있어야 영어를 잘할 수 있는 것처럼 수학도 수, 문자, 기호의 뜻을 잘 알아야 합니다. 나아가 식을 바꿀 수 있고, 그 식의 의미를 알 수 있다면 지금보다 수학을 더 잘할 수 있습니다.

02 문장을 식으로, 식을 문장으로

수, 문자, 기호의 의미를 잘 알았다면 이제 일반 언어로 쓰인 문장을 수학 언어인 식으로 바꿀 수 있어야 합니다. 물론 식을 일반 언어로 바꾸어 해석할 수 있는 능력과 식을 바꾸어 답을 얻는 것 또한 중요합니다. 그러나 일반 언어로 이루어진 문장을 수학 언어인 식으로 바꾸어 세상의 문제를 수학의 눈으로 바라보는 것이 매우 중요합니다.

- 일반 언어 : 어떤 수에 3을 곱하여 4를 더하여라.
- 수학 언어 : 어떤 수를 a라 하면, $a \times 3 + 4$

- 일반 언어 : 밑면의 길이가 a, 높이가 h인 삼각형의 넓이는 S이다.
- 수학 언어 : $S = \dfrac{a \times h}{2}$

☑ 다음 문장을 식으로 표현하여라.
① 한 개에 50원인 사탕 a개의 가격
② 가로의 길이가 b, 세로의 길이가 c인 직사각형의 넓이 S
③ 수학이 d점, 영어가 e점이라고 할 때, 두 과목 성적의 평균은 m점이다.
④ 1000원으로 한 자루에 f원 하는 연필 2자루를 살 때 거슬러 받는 돈은 a원이다.

① $50 \times a$ ② $S = b \times c$ ③ $m = \dfrac{d+e}{2}$ ④ $1000 - 2 \times f = a$

한 걸음 더 깊이

문자와 식의 역사

식을 표현하기 시작한 것은 1500년경부터로 알려져 있습니다. 문자를 사용한 기록이 실려 있는 최초의 책은 '디오판토스'가 쓴 《아리스메티카(Arithmetica)》 6권입니다. 그러나 '문자 기호'로 숫자를 대신하기 시작한 것은 1591년, 프랑스 수학자 '비에타'가 자신의 책에 알파벳으로 식을 표현하면서부터 시작되었다고 전합니다. 그 후 '문자 기호'를 사용하는 방법은 프랑스의 철학자이자 수학자인 '데카르트'가 거의 완성했습니다. 저서 《기하학》에서 미지수에 문자를 사용한 것이 토대가 되어 오늘날 우리가 사용하는 방법으로 발전했지요.

식 표현의 변천사

다음 문장을 보고 식으로 표현해 보세요.

> 어떤 수의 제곱에 3을 곱한 것, 어떤 수에 2를 곱한 것 그리고 4, 이 세 가지를 모두 더한 것

어떻게 썼나요? 아마 어떤 수를 x라 하면 제곱은 x^2처럼 표현했을 것입니다. 3을 곱하라 했으니 앞부분은 $3x^2$으로 나타낼 수 있습니다. 또 어떤 수에 2를 곱하면 $2x$로, 마지막에 4 그리고 이 모두를 더하라고 했으니 위의 문장은

$$3x^2 + 2x + 4$$

로 쓸 수 있습니다.

이렇게 우리에게 익숙한 식으로 발전하기까지 많은 수학자의 노력이 있었습니다. 다음은 $3x^2 + 2x + 4$라는 식을 옛 방식으로 나타낸 것입니다. 지금과는 사뭇 다른 모습을 볼 수 있지요.

사용 시기	수학자	표현 방법
300년대(?)	디오판토스	$\Delta^{\mathrm{r}} \Upsilon \zeta \beta \delta$
1572년	봄벨리	$3^2.p.2^1.p.4$
1585년	스테빈	$3^{②}+2^{①}+4$
1631년	해리엇	$3xx+2x+4$
1693년	월리스	$3x^2+2x+4$

동양의 수학

서양 수학자들은 숫자 대신에 문자를 쓰는 방법을 사용함으로써 복잡한 수학 문제를 간편하게 기록하고 정리했습니다. 이 때문에 동양 수학과 서양 수학의 발전 속도가 크게 차이 나기 시작했지요.

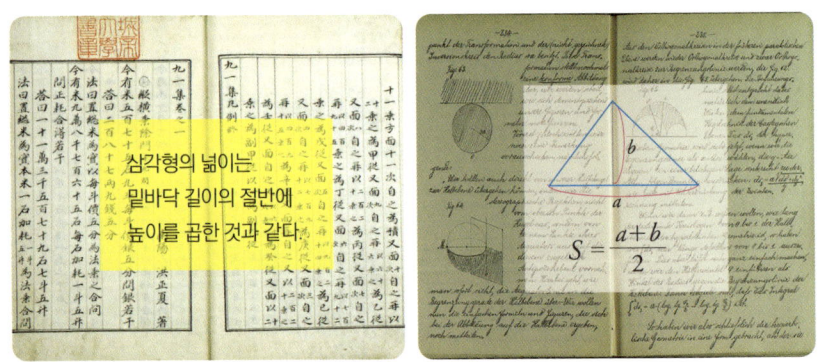

삼각형의 넓이는 밑바닥 길이의 절반에 높이를 곱한 것과 같다.

우리가 배우는 대부분의 수학 공식에는 서양 수학자 이름이 붙어 있습니다. 현대 수학이 서양 중심으로 발전했기 때문입니다. 동양 수학에서는 문자를 사용한 식의 발달이 거의 이루어지지 못했습니다. 대신 동양에서는 문제를 푸는 실용적인 방법이 발전했습니다. 언제든 문제의 답을 구할 수 있었다고 합니다. 동양 수학의 관점에서는 식을 생각할 필요가 없었습니다. 왜냐하면 동양에서는 수학을 현실 문제를 해결하는 실용적인 학문이라고 보았기 때문에 계산을 중요시하는 산술 중심의 수학이 발전했습니다.

식을 사용한 서양 수학은 동양 수학보다 아주 빠르게 발전해 지금의 수학 표현의 기준을 완성했습니다. 그렇다고 원래부터 동양 수학이 서양 수학에 뒤떨어진 것은 아닙니다. 비록 식으로 표현하는 것은 늦었지만 동양 수학의 우수성을 보여주는 예가 많습니다.

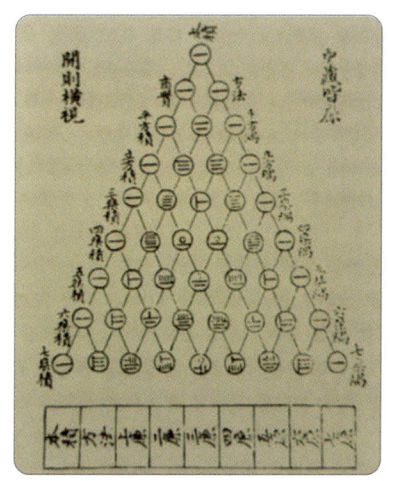

예를 들어, 17세기 파스칼이 고안한 파스칼의 삼각형은 14세기 초에 저술된 중국 수학책에 이미 실려 있었습니다. 또한 서양에서는 영(0)과 음수를 수로 인정하지 않고 주저한 데 비해 인도에서는 영(0)을, 중국에서는 음수를 일찍이 받아들였습니다.

컴퓨터에서 사용하는 이진법은 '주역 64괘(卦)'에서 따왔다고도 합니다.

	괘	이진수	이름	뜻	자연	방위	가족	신체
1		111	건(乾)	건실	하늘(天)	북서	아버지	머리
2		110	태(兌)	기쁨	연못	서	삼녀	입
3		101	이(離)	이별	불(火)	남	차녀	눈
4		100	진(震)	변동	번개(雷)	동	장남	발
5		011	손(巽)	따름	바람(風)	남동	장녀	다리
6		010	감(坎)	험난	물(水)	북	차남	귀
7		001	간(艮)	중지	산(山)	북동	삼남	손
8		000	곤(坤)	유순	땅(地)	남서	어머니	배

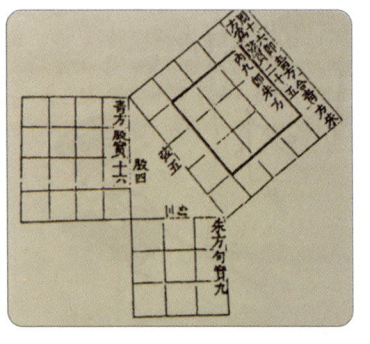

심지어 위대한 수학 공식 중 하나로 유명한 피타고라스 정리도 동양에서는 이미 알고 있었습니다.

역사의 기록은 승리한 사람들의 기록이라고 합니다. 수학 역시 근대를 지나면서 서양 중심으로 기술되었습니다. 하지만 현대 수학은 이론 중심인 서양 수학과 실생활 중심인 동양 수학이 서로 단점을 보완하며 발전한 결과물이라 할 수 있습니다. 서로의 다른 점을 인정하고 좋은 점을 받아들여 지금의 수학이 탄생한 것이지요.

한 걸음 더 깊이

자주 사용하는 문자 기호

길이(length) → l 높이(height) → h

넓이(square) → S 부피(volume) → V

반지름(radius) → r 시간(time) → t

속도(velocity) → v 거리(distance) → d

길이와 넓이, 속도 등을 나타내는 문자 기호가 아주 익숙하지요? 위의 문자 기호는 약속에 따라 다르게 사용할 수도 있습니다. 그러나 대부분 위의 약속대로 사용합니다. 예를 들어 길이를 나타내는 l을 넓이 기호로도 사용할 수 있지만 그렇게 사용한다면 혼란스럽겠지요. 그러므로 위의 약속을 지켜 필요한 자리에 쓰는 것이 중요합니다.

12. 문자식의 계산

$3 \times 4 + 2 \times 3 - 4 + 3$
$= 12 + 6 - 4 + 3$
$= 17$

$3x + 2y - x + y$
$= 3x - x + 2y + y$
$= 2x + 3y$

첫 번째 식과 두 번째 식의 차이점을 찾아보세요. 어떤 차이가 있나요? 맞습니다. 첫 번째는 단순한 수식으로 수를 계산해 답을 구하는 문제입니다. 두 번째는 문자와 기호가 함께 쓰여 있습니다. 이러한 식을 문자식이라고 합니다. 지금까지 초등학교에서 수를 계산하는 산수를 했다면, 중학교부터는 문자식을 계산하는 수학이 시작됩니다. 앞으로는 문자식을 계산하는 일이 더 많습니다. 수를 더하고 빼고, 곱하고 나누는 것을 익히고 문제에 적용하는 과정을 넘어 문제를 문자식으로 표현하고 계산하는 것이 중학 수학에서 배워야 할 내용입니다. 여러분이 수식의 계산을 능숙하게 하듯 문자식의 계산도 능숙해질 때까지 연습해야 합니다.

01 기호의 생략

곱셈 기호의 생략

곱셈은 다른 계산에 비하여 강력합니다. 계산 순서에서 우선순위를 갖기 때문입니다. 특히 곱셈 기호는 생략할 수 있는데, 이는 식을 간단하고 분명하게 해 줍니다.

① 수와 문자의 곱셈에서는 수를 문자 앞에 쓰고, 곱셈 기호 ×를 생략한다.
$$7 \times a = 7a, \quad a \times (-7) = -7a$$

② 1 또는 −1과 문자의 곱에서는 1을 생략한다.
$$1 \times a = a \times 1 = a, \quad (-1) \times a = a \times (-1) = -a$$

③ 문자와 문자의 곱에서도 곱셈 기호 ×를 생략하고, 문자는 보통 알파벳 순서로 쓴다.
$$b \times c \times a = abc, \quad y \times x \times 7 \times z = 7xyz$$

④ 같은 문자의 곱은 곱셈 기호 ×를 생략하고, 거듭제곱으로 나타낸다.
$$a \times a \times a = a^3, \quad x \times x \times x \times y \times y = x^3 y^2$$

나눗셈 기호의 생략

분수는 수이자 나눗셈을 표현한 것입니다. $\frac{1}{5}$은 하나의 수이면서 1÷5라는 나눗셈으로 볼 수 있다는 뜻입니다. 2÷10 또는 3÷15로 표현할 수도 있습니다. 즉, $\frac{a}{b}$ (단, b≠0)는 하나의 수임과 동시에 $a \div b$라는 나눗셈입니다.

나눗셈 기호 ÷를 생략하고, 분수의 모양으로 나타낸다.

$$a \div b = a \times \frac{1}{b} = \frac{a}{b} \text{(단, } b \neq 0\text{)}$$

따라서 곱셈 기호와 나눗셈 기호를 생략하면 아래와 같이 식을 간단하게 나타낼 수 있습니다.

$$2 \times x \div y = 2x \div y = \frac{2x}{y}$$

$$1 \div a \div b = \frac{1}{a} \div b = \frac{1}{ab}$$

02 식의 값

문자와 기호를 사용하여 식을 나타낸 후, 문자 대신 수를 넣는 것을 '대입한다'라고 합니다. 우리는 대입한 식을 계산해 결괏값, 즉 '식의 값'을 구할 수 있습니다. 다음 문제를 풀어 볼까요?

☑ 기온은 평지에서 1km씩 높아질 때마다 약 섭씨 6°씩 내려간다고 한다. 평지 기온이 20°일 때, 높이가 $x$km인 곳의 기온은 $(20-6x)$°이다. 이때, 높이가 8km인 곳의 기온은 얼마인가?

$$20 - 6\,\boxed{x} \quad \leftarrow x \text{에 8을 대입}$$
$$20 - 6 \times \boxed{8} = \underline{-28}$$
$$ \uparrow \text{식의 값}$$

미지수 x자리에 숫자 8을 대입하고 식을 계산해 영하 28도라는 답을 얻을 수 있습니다.

☑ $a=-2, b=3$일 때 다음 식의 값을 각각 구하여라.

① $3a-4b$ ② $\dfrac{3}{a}+5b$

03 일차식의 덧셈과 뺄셈

식 $3x^2+2x+1$에서 $3x^2$은 문자 x를 두 번 곱한 것입니다. $2x$에서는 문자 x를 한 번 곱한 것입니다. 이처럼 문자가 곱해진 개수를 차수라고 합니다. 그러므로 $3x^2$은 2차이고, $2x$는 1차입니다. 식의 이름은 차수가 가장 큰 것을 따서 부릅니다. 그러므로 $3x^2+2x+1$은 이차식입니다. 또한 $3x^2$, $2x$, 1을 항이라 하며 1처럼 문자가 없는 항을 상수항이라 합니다. 모든 문자식은 항의 합으로 이루어져 있습니다.

동류항
$2x + 5 + x + 5 + 3x + 10$
동류항

위의 식 $2x+5+x+5+3x+10$에서 $2x$, x, $3x$와 같이 문자와 차수가 같은 항을 동류항이라고 합니다. 동류항끼리는 계산할 수 있기 때문에 위의 식을 정리하면

$$2x+x+3x+5+5+10=6x+20$$

이 됩니다.

▲ ① -18 ② $\dfrac{7}{2}$

좀 더 복잡한 식으로 살펴볼까요?

$2x^2-3+5x+7y-6y+2x-3x+9-8x^2$에서 먼저 동류항을 찾아보세요. 문자와 차수가 같아야 한다는 사실을 잊지 말아야 합니다.

이 식에서는

$2x^2$과 $-8x^2$, $5x$와 $2x$와 $-3x$, $7y$와 $-6y$, -3과 9가 동류항입니다.

그러므로 식을 정리하면 다음과 같습니다.

$2x^2-3+5x+7y-6y+2x-3x+9-8x^2$
$=2x^2-8x^2+5x+2x-3x+7y-6y-3+9$
$=(2-8)x^2+(5+2-3)x+(7-6)y-3+9$
$=-6x^2+4x+y+6$

두 일차식을 더할 때는 괄호를 풀어 동류항끼리 계산해 간단히 만들 수 있습니다. 그리고 한 일차식에서 다른 일차식을 뺄 때는 빼는 식의 부호를 바꾸어야 합니다. 초등학교에서 배운 다음과 같은 식을 생각하면 이해하기 쉬울 것입니다.

$(10+3)-(2+5)=10+3-2-5=6$
$(12x+4)-(3x+5)=12x+4-3x-5=12x-3x+4-5=9x-1$

덧셈	계산 과정	뺄셈
$(12x+4)+(3x+5)$		$(12x+4)-(3x+5)$
$=12x+4+3x+5$	← 괄호를 푼다. →	$=12x+4-3x-5$
$=12x+3x+4+5$	← 동류항끼리 모은다. →	$=12x-3x+4-5$
$=(12+3)x+(4+5)$	← 동류항끼리 계산한다. →	$=(12-3)x+(4-5)$
$=15x+9$		$=9x-1$

04 일차식의 곱셈과 나눗셈

일차식과 수의 곱셈이나 나눗셈은 수를 계산할 때와 마찬가지로 교환법칙, 결합법칙, 분배법칙을 사용하여 계산할 수 있습니다.

예를 들어 다음 식을 계산해 봅시다.

$3a \times 4 = 3 \times 4 \times a = 12a$

$12x \div 3 = 12x \times \dfrac{1}{3} = 12 \times \dfrac{1}{3} \times x = 4x$

$4b \times (-3) = 4 \times (-3) \times b = -12b$

$-6y \div (-2) = -6y \times (-\dfrac{1}{2}) = (-6) \times (-\dfrac{1}{2}) \times y = 3y$

일반적으로, 다항식과 수의 곱셈은 분배법칙을 이용합니다.

$$x(y+z) = xy + xz$$

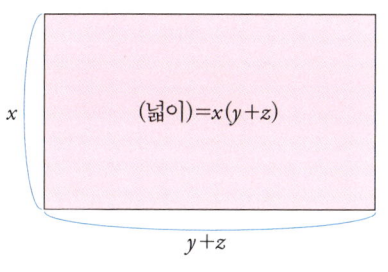
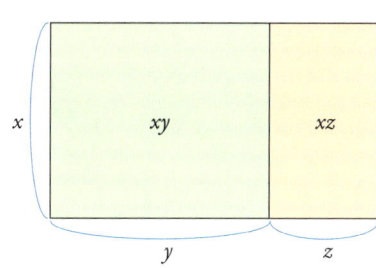

앞에서 나눗셈을 계산할 때는 다음과 같이 나누어지는 수의 역수를 곱한다고 했습니다.

$$(4+6) \div 2 = (4+6) \times \frac{1}{2} = \frac{4+6}{2} = \frac{10}{2} = 5$$

다항식 역시 다음과 같이 나누는 수의 역수를 곱하여 계산합니다.

$$(x+y) \div z = (x+y) \times \frac{1}{z} = \frac{x+y}{z} = \frac{x}{z} + \frac{y}{z}$$

☑ 다음 식을 정리해 보세요.

① $3(2x+4)$ ② $(6x-9) \div 3$

① $6x+12$ ② $2x-3$

13.
방정식의 계산

01 등식의 성질

등식은 등호, 즉 '='기호를 사용한 식을 말합니다. 등식에는 여러 성질이 있는데, 양팔 저울과 비교해 보면 쉽게 알 수 있습니다.

등호의 양변에 같은 수를 더하거나 빼도 등식은 항상 성립합니다. 같은 수를 곱하거나 0이 아닌 같은 수로 나누어도 등식은 항상 성립하지요. 이와 같은 성질을 '등식의 성질'이라 합니다. 등식의 성질을 이용하면 방정식의 모양을 바꾸어 해를 구할 수 있습니다.

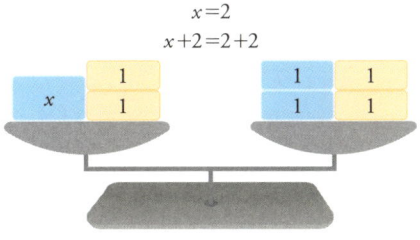

(1) 등식의 양변에 같은 수를 더해도 등식은 성립한다.

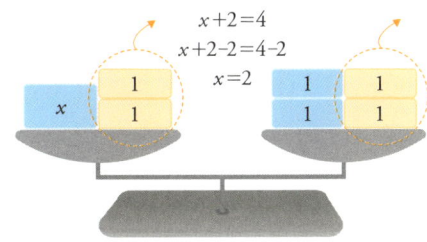

(2) 등식의 양변에서 같은 수를 빼도 등식은 성립한다.

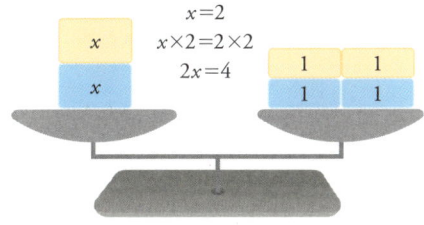

(3) 등식의 양변에 같은 수를 곱해도 등식은 성립한다.

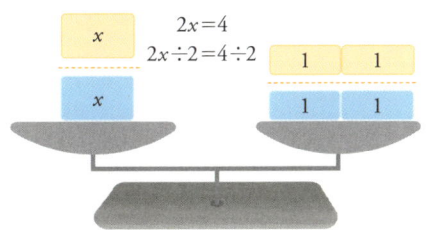

(4) 등식의 양변을 0이 아닌 같은 수로 나누어도 등식은 성립한다.

아래 식에서 등식의 성질 중 어떤 것을 이용했는지 맞혀 보세요.

① $x-5=7 \Rightarrow x-5+5=7+5$

② $x+9=10 \Rightarrow x+9-9=10-9$

③ $\frac{1}{2}x=8 \Rightarrow \frac{1}{2}x \times 2 = 8 \times 2$

④ $3x=12 \Rightarrow 3x \div 3 = 12 \div 3$

①번: 양변에 5를 더해 해를 구했으므로 등식의 양변에 같은 수를 더해도 등식은 성립한다는 1번 성질을 이용했습니다.

②번: 양변에서 9를 뺐으므로 등식의 양변에서 같은 수를 빼도 등식은 성립한다는 2번 성질을 이용했습니다.

③번: 양변에 2를 곱했으므로 등식의 양변에 같은 수를 곱해도 등식은 성립한다는 3번 성질을 이용했습니다.

④번: 양변을 3으로 나누었으므로 등식의 양변을 0이 아닌 같은 수로 나누어도 등식은 성립한다는 4번 성질을 이용했습니다.

02 일차방정식의 풀이

일차방정식과 이항

먼저 일차방정식 $2(x-1)=(x+2)+1$을 등식의 성질을 이용해 풀어 보겠습니다. 등식의 성질 중 어떤 것을 이용했는지 확인하며 따라오세요.

$$2(x-1)=(x+2)+1$$
$$2x-2=x+3 \quad \text{①}$$
$$2x-x-2=3 \quad \text{②}$$
$$x=3+2 \quad \text{③}$$
$$x=5 \quad \text{④}$$

$$2x\,{-2} = x\,{+3}$$
$$2x\,{-x} = 3\,{+2}$$

이항하면 부호가 바뀐다.

방정식 ②를 보면 방정식 ①의 우변에 있던 x가 $-x$가 되어 좌변으로 이동한 것을 알 수 있습니다. 또 방정식 ③에서 방정식 ②의 좌변에 있던 −2가 우변으로 이동한 것을 볼 수 있지요. 또 한 가지, 방정식 ④ $x=5$에서 우변의 5를 좌변으로 옮겨 $x-5=0$으로 나타낼 수 있습니다. 이때 등식의 좌변은 미지수 x에 관한 일차식이고 우변은 0이 되지요.

이처럼 등식의 성질을 이용하여 등식의 어느 한 변에 있는 항을 부호를 바꾸어 다른 변으로 옮기는 것을 '이항'이라고 합니다.

이때 조심해야 할 것이 있습니다. 좌변의 −2가 우변으로 이동해 +2가 되었다고 오해할 수 있으니 주의하세요. 수가 등호를 넘어가 부호가 바뀌는 것이 아닙니다. 좌변의 −2를 0으로 만들기 위하여 양변에 2를 더한 것이니, 착각하면 안 됩니다. 정리하면,

$$2x-2=x+3$$에서

양변에 2를 더하여

$$2x=x+3+2$$가 된 것입니다.

일차방정식의 해를 구하는 방법은 다음과 같이 정리할 수 있습니다.

일차방정식의 풀이 방법

① 미지수의 계수 중에 분수 또는 소수가 있을 때는 양변에 알맞은 수를 곱하여 모든 계수를 정수로 고친다.

② 괄호가 있으면 괄호를 푼다.

③ 미지수가 있는 항은 좌변으로, 상수항은 우변으로 이항한다. 양변을 정리하여 $ax=b(a\neq 0)$의 꼴로 고친다.

④ 방정식 $ax=b$의 양변을 a로 나누어 해 $x=\dfrac{b}{a}$를 얻는다.

$3(2x+1)=2x-1$을 위의 풀이법에 따라 풀어 보세요. 풀이법을 보지 말고 푼 다음, 제대로 풀었는지 확인하면 더욱 좋겠지요.

$$3(2x+1)=2x-1$$ ← 괄호를 푼다.
$$6x+3=2x-1$$
← 우변의 $2x$를 좌변으로 이항하고, 좌변의 3을 우변으로 이항한다.
$$6x-2x=-1-3$$
$$4x=-4$$
$$\frac{4x}{4}=\frac{-4}{4}$$ ← 양변을 4로 나눈다.
$$\therefore x=-1$$

$\dfrac{1}{3}x-2=\dfrac{1}{5}x+4$도 같은 방법으로 풀어 보세요.

$$\frac{1}{3}x-2=\frac{1}{5}x+4$$
$$\left(\frac{1}{3}x-2\right)\times 15=\left(\frac{1}{5}x+4\right)\times 15$$ ← 양변에 15를 곱한다.
$$5x-30=3x+60$$
← 우변의 $3x$를 좌변으로 이항하고, 좌변의 -30을 우변으로 이항한다.
$$5x-3x=60+30$$
$$2x=90$$
$$\frac{2x}{2}=\frac{90}{2}$$ ← 양변을 2로 나눈다.
$$\therefore x=45$$

03 연립일차방정식

$$x+y=5 \quad \text{①}$$
$$x-y=1 \quad \text{②}$$

여기 두 개의 일차방정식이 있습니다. 두 방정식을 동시에 만족하는 x, y의 값을 찾아봅시다.

먼저 x, y의 값을 자연수의 범위에서 생각해 볼까요?

방정식 ①의 해는, (1, 4), (2, 3), (3, 2), (4, 1)

방정식 ②의 해는, (2, 1), (3, 2), (4, 3), …입니다.

이때, 방정식 ①, ②를 동시에 만족한 (x, y)값은 (3, 2)입니다.

위와 같이, 두 개 이상의 방정식을 짝으로 한 것을 연립방정식이라 하고, 특히 앞의 방정식 ①, ②와 같이, 두 개의 일차방정식을 짝으로 한 것을 연립일차방정식이라고 합니다.

연립방정식은 괄호를 사용하여 다음과 같이 나타냅니다.

$$\begin{cases} x+y=5 & \text{①} \\ x-y=1 & \text{②} \end{cases}$$

또 일차방정식 ①과 ②를 동시에 만족한 x, y의 값 (3, 2)를 '연립방정식의 해'라고 하고, 그 해를 구하는 것을 '연립방정식을 푼다'라고 합니다.

04 연립일차방정식의 풀이

연립일차방정식을 풀기 위해서는 식의 모양을 변형시켜 문자가 하나뿐인 방정식을 만들어야 합니다. 그다음 미지수가 하나뿐인 방정식을 풀고, 구한 미지수의 값을 이용하여 다른 미지수의 값을 구하면 됩니다.

가감법에 따른 풀이

두 식을 더하거나 빼서 문자가 하나인 방정식을 만들어 푸는 방법

$$\begin{cases} x+2y=6 & \cdots\cdots ① \\ x-3y=1 & \cdots\cdots ② \end{cases}$$

①에서 ②를 빼면, x가 없어져 y 하나뿐인 방정식이 됩니다.

$$(x+2y)-(x-3y)=6-1$$
$$x+2y-x+3y=5$$
$$5y=5$$

$y=1$이므로 방정식 ①에 대입하면,

$$x+2\times1=6$$
$$x+2=6$$
$$x=6-2$$
$$x=4$$
$$\therefore x=4,\ y=1$$

대입법에 따른 풀이

한 방정식을 한 문자에 관한 식으로 변형시킨 다음, 그 식을 다른 방정식에 대입하여 푸는 방법

$$\begin{cases} x+y=2 & \cdots\cdots \text{①} \\ 5x-4y=19 & \cdots\cdots \text{②} \end{cases}$$

①에서 y를 x에 관하여 풀면

$$y=2-x \quad \cdots\cdots \text{③}$$

③을 ②의 y에 대입하면, y가 없어져 x 하나뿐인 방정식이 됩니다.

$$5x-4(2-x)=19$$
$$5x-8+4x=19$$
$$5x+4x=19+8$$
$$9x=27$$
$$x=3$$

$x=3$을 ③에 대입하면

$$y=2-3=-1$$
$$\therefore x=3, y=-1$$

등치법에 따른 풀이

'A=B이고, A=C이면 B=C이다'를 이용하여 연립방정식을 푸는 방법

$$\begin{cases} y=3x-5 & \cdots\cdots ① \\ y=-4x+9 & \cdots\cdots ② \end{cases}$$

①, ②의 좌변이 서로 같으므로, 우변도 서로 같습니다. 결국 y가 없어져 x 하나뿐인 방정식이 됩니다.

$$3x-5=-4x+9$$
$$3x+4x=9+5$$
$$7x=14$$
$$x=2$$

$x=2$를 ①에 대입하면

$$y=3\times2-5=1$$
$$\therefore x=2, y=1$$

연립일차방정식의 풀이는 위에 소개한 어떤 방법으로도 풀 수 있습니다. 두 방정식의 모양에 따라 어느 방법이 더 좋은지 헤아려 풀이법을 골라야 하지요.

한 걸음 더 깊이

방정식의 역사

일차방정식

동양에서는 약 2000년 전 중국 한나라의 수학책 《구장산술》에 일차방정식이 등장합니다. 서양에서는 그리스의 수학자 '디오판토스'의 묘비에 그의 일생을 방정식으로 표현한 것이 있습니다. 동양에서든 서양에서든 방정식의 역사는 수학의 역사만큼이나 오래되었다고 할 수 있습니다.

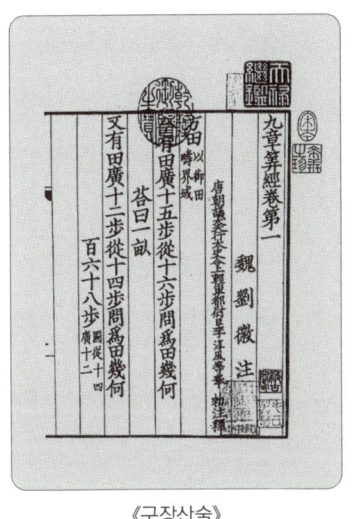
《구장산술》

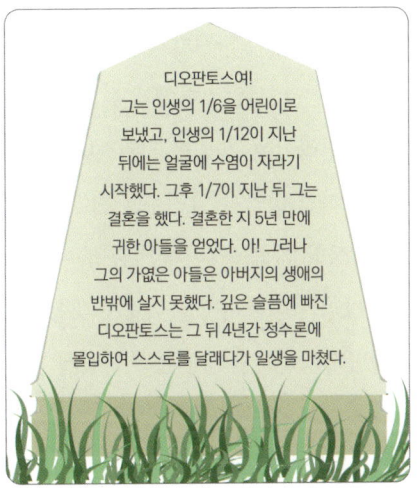
디오판토스 묘비 글

이차방정식

중학교 3학년에서 배우는 이차방정식은 고대 바빌로니아 문명에서 처음 등장했다고 알려져 있습니다. 이차방정식은 보통 두 개의 해가 있습니다. 그러나 처음 이차방정식을 풀이한 사람들은 양수인 답이 두 개 나오면 큰 것만 답으로 인정했습니다. 심지어 음수나 무리수(유리수가 아닌 수)는 답으로 인정하지도 않았지요. 음수나 무리수가 이차방정식의 해로 인정받은 것은 한참 후의 일입니다. 그제야 비로소 이차방정식이 두 개의 해를 갖는다는 사실을 받아들였습니다. 아라비아의 수학자 '알콰리즈미'는 이항과 동류항 정리를 사용하여 모든 이차방정식의 풀이법, 즉 '이차방정식의 근의 공식'을 찾았습니다.

삼차, 사차방정식

삼차방정식의 풀이는 수학자 '타르탈리아'와 '카르다노'가 관련되어 있습니다.

1515년경에 '페로'라는 수학자가 특별한 삼차방정식의 풀이법을 발견했다고 주장했습니다. 비슷한 시기에 타르탈리아도 삼차방정식의 일반적인 풀이법을 발견했다고 주장했지요. 결국은 페로의 제자 '피어'와 타르탈리아가 삼차방정식 풀이 시합을 벌였고 결국 타르탈리아가 승리합니다. 이 승리로 타르탈리아가 유명해지자 카르다노는 타르탈리아에게 삼차방정식을 푸는 방법을 알려달라고 간청했습니다. 타르탈리아는 '비밀을 지키겠다'라는 카르다노의 맹세를 받고 삼차방정식을 푸는 일반적인 방법을 알려주었습니다. 그러나 카르다노는 약속을 깨고 1545년, 삼차방정식의 해법을 《위대한 술법》이라는 책에 실어서 출간합니다. 타르탈리아의 삼차방정식의 풀이법은 이렇게 세상에 알려졌습니다. 사차방정식은 삼차방정식의 일반적인 해법을 발견함과 동시에 함께 해결되었습니다.

5차 이상의 방정식

많은 수학자가 5차 이상의 방정식 풀이 방법에 관해 계속 연구했습니다. 사차방정식까지 풀이 방법이 발견되었으니 오차방정식의 일반적인 방법도 당연히 쉽게 발견될 것이라 생각했지요. 그러나 '아벨'과 '갈루아'가 '오차방정식의 일반적인 해법은 없다'는 것을 증명하면서 오랜 연구와 논쟁도 끝이 납니다.

14.
일반 언어를 수학 언어로

수학을 공부하는 이유는 수학의 눈으로 세상을 바라보고 문제를 해결하는 능력을 키우기 위함입니다. 우리 주위에서 일어나는 현상들을 수학의 눈으로 바라본다는 것은 결국 세상을 수학 언어로 표현한다는 뜻입니다.

  이번에 다룰 이야기는 일반 언어로 쓰인 문제를 수학 언어로 바꾸어 해결하는 방법에 대한 것입니다. 수학 언어는 논리에 맞추어 설명하는 데 뛰어납니다. 일상생활에서 사용하는 언어로 다음에 나올 문제를 해결하는 것은 쉽지 않습니다. 조금 어렵게 느껴지겠지만 이제 진짜 수학을 한다는 마음으로 하나씩 익히기를 바랍니다.

일차방정식의 활용

① 문제의 뜻을 파악하고, 구하려는 값을 미지수 x로 놓는다.

② 문제에서 수량 사이의 관계를 찾아 방정식을 세운다.

③ 방정식을 풀어 x의 값을 구한다.
④ 구한 x의 값을 대입하여 맞는지 확인한다.

참고   문제에 따라서 구하려는 값을 미지수로 놓으면 방정식을 세우기 어려운 것도 있다. 이때는 방정식을 세우기 쉬운 값을 미지수로 놓아 방정식을 세운 다음, 이를 이용해 원래 구하려던 값을 얻으면 된다. 예를 들어 '도전하기 17'은 구하려는 값을 미지수로 놓으면 식을 세우기가 어렵다.

아래 문제를 읽고 차근차근 풀어 보세요.

☑ 주유소에서 200L(리터) 들이 기름 탱크에 기름을 1분에 20L씩 넣는다고 한다. 기름 탱크에 40L의 기름이 들어 있었다면, 몇 분 후에 가득 채워지는지 구하여라.

구하고자 하는 시간을 x로 놓고, 이 관계를 표로 정리하면 다음과 같습니다.

처음 기름 양(L)	1분당 넣은 기름 양(L)	기름 넣는 시간(분)	기름의 전체 양(L)	관계를 나타내는 식
40	20	0	40	$40+20\times0=40$
40	20	1	60	$40+20\times1=60$
40	20	2	80	$40+20\times2=80$
…	…	…	…	…
40	20	x	200	$40+20\times x=200$

위의 표에서 미지수 x에는 특정한 수를 넣을 수 있기 때문에 구하고자 하는 값을 x로 한 일차방정식 $40+20x=200$을 만들 수 있지요.

이제 일차방정식 $40+20x=200$을 풀면 됩니다.

$$40+20x=200 \quad \cdots\cdots\cdots ①$$
$$20x=200-40 \quad \leftarrow 양변에서\ 40을\ 뺀다.$$
$$20x=160 \quad \leftarrow 양변을\ 20으로\ 나눈다.$$
$$x=8$$

구한 값 $x=8$을 문제의 상황에서 만든 일차방정식 ①에 대입하여 구한 값이 맞는지 확인하세요.

$$40+20\times 8=200$$

위의 계산처럼 일차방정식이 참이 되어 $x=8$이 구하는 값임을 알 수 있습니다. 따라서 기름 탱크는 8분 후에 가득 채워집니다.

☑ 집에서 학교에 갈 때는 시속 5km로 걷고, 올 때는 시속 4km로 걸었더니 왕복 27분이 걸렸다. 집에서 학교까지의 거리를 구하여라.

집에서 학교까지의 거리를 $x$km라고 하면, (걸린 시간)$=\dfrac{(거리)}{(속력)}$이므로 갈 때 걸린 시간은 $\dfrac{x}{5}$시간, 올 때 걸린 시간은 $\dfrac{x}{4}$시간입니다.
1시간은 60분이므로 걸린 시간은 27분$=\dfrac{27}{60}$입니다.
그러므로 식은 다음과 같습니다.

$$\dfrac{x}{5}+\dfrac{x}{4}=\dfrac{27}{60} \quad \cdots\cdots ①$$

14. 일반 언어를 수학 언어로

$$60 \times (\frac{x}{5} + \frac{x}{4}) = 60 \times \frac{27}{60}$$ ← 양변에 60을 곱한다.

$$12x + 15x = 27$$

$$27x = 27$$ ← 양변을 27로 나눈다.

$$\frac{27x}{27} = \frac{27}{27}$$

$$x = 1$$

$x=1$을 ①에 대입하여 값이 참인지 확인하면

$$\frac{1}{5} + \frac{1}{4} = \frac{27}{60}$$ 이므로

집에서 학교까지의 거리는 1km입니다.

도전하기 12 어느 호텔은 방 하나에 학생이 4명씩 들어가면 빈방이 6개가 되고, 3명씩 들어가면 학생 10명이 들어갈 수 없다고 합니다. 호텔의 방은 모두 몇 개인지 구하세요.

한 걸음 더 깊이

도전하기 13 지구보다 중력이 큰 곳에서는 무게가 그 중력만큼 무거워지고, 중력이 작은 곳에서는 무게가 그 중력만큼 작아집니다. 태양계에서 가장 큰 목성의 중력은 지구 중력의 약 2.54배입니다. 1989년에 발사한 미국·유럽 공동의 목성 탐사선 갈릴레오의 무게는 2222kg입니다. 이 탐사선이 목성에 도착했을 때의 무게는 얼마일까요?

(1) 탐사선 갈릴레오의 지구에서의 무게를 x kg이라고 할 때, 목성에서의 무게를 나타내는 식을 쓰세요.
(2) 탐사선 갈릴레오의 목성에서의 무게를 구하세요.

도전하기 14 고대 그리스의 수학자 디오판토스의 묘비에는 그의 업적을 기리기 위한 비문이 다음과 같이 새겨져 있습니다. 물음에 답하세요.

> 보라. 디오판토스 일생의 $\frac{1}{6}$은 소년 시대였고, $\frac{1}{12}$은 청년 시대였다. 그 뒤 다시 일생의 $\frac{1}{7}$을 혼자 살다가 결혼하여 5년 후에 아들을 낳았고, 그의 아들은 아버지 생애의 $\frac{1}{2}$만큼 살다 죽었으며, 아들이 죽고 난 4년 후에 비로소 디오판토스는 일생을 마쳤노라.

(1) 디오판토스가 x살까지 살았다고 할 때, 소년 시절로 보낸 시간을 식으로 나타내세요.
(2) 디오판토스가 x살까지 살았다고 하고 비문 내용에 따라 그의 생애를 식으로 나타내어 보고, 몇 살까지 살았는지 알아보세요.

이번에 나오는 문제들은 교과서나 문제집에 잘 등장하지 않습니다. 시험문제에도 잘 등장하지 않을 것입니다. 도전해 보시기 바랍니다. 뒤에 답이 있지만 못 풀어도 좋으니 스스로 풀기 전까지는 보지 않았으면 합니다. 선생님에게도 묻지 않고 오직 자신의 힘으로 도전하기를 간곡히 부탁합니다. 특히 〈도전하기 17〉은 쉽지 않습니다.

도전하기 15 죽음을 앞둔 어느 늙은 상인에게는 세 아들과 그들에게 물려줄 낙타 17마리가 있었습니다. 상인은 삼 형제에게 자신이 죽은 뒤에 첫째 아들은 낙타 중에서 $\frac{1}{2}$만큼을, 둘째 아들은 $\frac{1}{3}$만큼을, 셋째 아들은 $\frac{1}{9}$만큼을 가지라고 했습니다.

얼마 후, 세 아들은 큰 고민에 빠졌습니다. 유언대로 낙타를 분배하려는데 17은 2와 3 그리고 9의 어느 수로도 나누어지지 않았기 때문입니다. 그때 한 지혜로운 노인이 자신이 가지고 있는 낙타 한 마리를 줄 테니 그것을 합쳐서 아버지의 유언대로 낙타를 나누어 보라고 했습니다.

조언대로 유산을 나눈 세 아들은 신기하게도 낙타 한 마리가 남는다는 사실을 알게 되었고, 남은 낙타를 노인에게 되돌려 주었습니다.

(1) 형제가 겪었던 어려움은 무엇인가요?
(2) 노인이 해결할 수 있었던 이유는 무엇일까요?
(3) 아버지의 유언이 제대로 실행되었는지 확인하세요.

도전하기 16 다음은 정우와 수진이의 대화입니다. 잘 읽고 물음에 답하세요.

정우 : 숫자 하나를 마음속에 정해 봐. 내가 그 숫자를 알아맞혀 볼게.

수진 : 생각했어.

정우 : 그러면 네가 생각한 수에 5를 곱하고, 거기에 20을 더해. 또 거기에 2를 곱하고 20을 빼면 얼마야?

수진 : 70이야.

정우 : 응, 5를 생각했구나.

수진 : 와! 어떻게 알았어?

위의 대화를 읽고 방정식을 세워 보세요.

한 걸음 더 깊이

도전하기 17

아주 먼 옛날, 5개의 문을 통과해야만 도달할 수 있는 과수원이 있었습니다. 문에는 각각 문지기가 있었습니다. 어떤 청년이 문을 모두 통과해 사과를 땄고, 다시 밖으로 나오면서 자신이 딴 사과를 문을 지키는 사람들에게 나누어 주었습니다.

첫 번째 문을 지키는 사람에게는 딴 사과 절반과 한 개를 더 주었고, 두 번째 문을 지키는 사람에게는 첫 번째 문지기에게 주고 남은 나머지 사과의 절반을 주고 또 1개를 더 주었습니다.

이와 같은 방법으로 세 번째, 네 번째, 다섯 번째 문을 지키는 사람들에게 사과를 나누어 주었더니 그에게는 단 한 개의 사과만 남았습니다. 그가 처음 딴 사과는 모두 몇 개였을까요?

15.
세상을 바꾼 식

어떤 식은 자연과 사회 그리고 우주에서 일어나는 현상들을 설명하는 데 아주 쓸모가 있습니다. 그중 몇 가지를 소개하고자 합니다. 여러분이 아직 내용을 완벽하게 이해하기는 어렵습니다. '이런 내용들을 앞으로 공부하겠구나' 정도만 알면 됩니다.

01 피타고라스 정리

직각삼각형에서 직각을 낀 두 변의 길이를 각각 a, b라 하고 빗변의 길이를 c라 할 때, $a^2+b^2=c^2$이 성립합니다. 즉, 직각삼각형의 빗변을 한 변으로 하는 정사각형의 넓이는 나머지 두 변을 각각 한 변으로 하는 정사각형 두 개의 넓이를 합한 것과 같습니다. 이것이 바로 피타고라스 정리입니다.

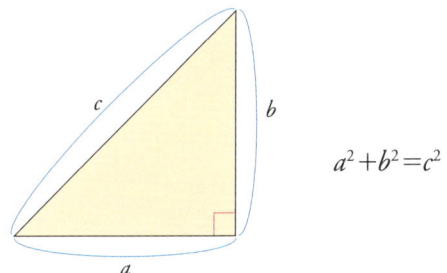

직각삼각형 두 변의 길이를 알고 피타고라스 정리를 활용하면 나머지 한 변의 길이를 구할 수 있습니다. 또 세 변의 길이를 적절히 조절해 $c^2=a^2+b^2$을 만족하도록 하면 직각을 구할 수 있습니다.

예를 들어 세 변의 길이를 각각 3, 4, 5 또는 6, 8, 10으로 조절하면 피타고라스 정리를 만족하므로 직각삼각형임을 알 수 있습니다. 피타고라스 정리는 직각과 관련 있는 건축, 항해 그리고 측량 등등 여러 곳에서 사용되고 있습니다.

02 로그

$2^4=16$입니다. 로그(log)란 $2^4=16$을 다음과 같이 $\log_2 16 = \log_2 2^4 = 4$로 나타내는 것입니다. 거듭제곱을 한 횟수를 나타내는 문자나 숫자인 지수를 중심으로 설명하는 것이지요. 그러므로 일반적으로 다음과 같이 표현할 수 있습니다.

$$x>0에 대하여\ a^x=y이면\ \log_a y = \log_a a^x = x$$

예를 들면

$\log_{10} 100000000 = \log_{10} 10^8 = 8$입니다.

$\log_{10} \dfrac{1}{1000000} = \log_{10} \dfrac{1}{10^6} = \log_{10} 10^{-6} = -6$입니다.

로그는 아주 큰 값과 아주 작은 값을 우리가 계산하기 편한 중간 정도의 값으로 바꾸는 데 이용합니다. 단위가 아주 크거나 계산을 많이 해야 하는 천문학 연구나 데이터 분석에서 로그는 꼭 필요합니다. 이외에도 소리의 세기, 감각과 자극의 세기, 지진의 규모와 진도 등을 측정하는 데도 이용합니다.

03 미분과 적분

미분이란 '짧은 순간의 변화율'을 말합니다. 자동차의 순간속도를 떠올리면 됩니다.

$$\frac{df}{dt} = \lim_{h \to 0} \frac{f(t+h) - f(h)}{h}$$

미분은 연속하여 변화하는 것을 설명하는 데 필요한 수학 도구입니다. 미분을 이용하면 곡선으로 변하는 운동과 속도가 변하는 운동을 설명할 수 있습니다. 예를 들어 던진 돌의 경로, 천체의 운동, 열전도 현상, 바이러스의 증식, 경제의 흐름 등을 설명할 수 있지요. 여러분이 좋아하는 롤러코스터도 곡선운동을 하며 속도가 변하므로 설계할 때 안전을 위해 미분을 이용합니다.

변화율을 구하는 미분과 반대로 적분은 변화율을 이용해 원래의 값을 구하는 것이라고 할 수 있습니다. 적분은 의학 분야에서 자주 활용합니다. 컴퓨터단층촬영(CT)은 인체를 여러 각도에서 촬영한 다음, 결과를 재구성하여 겉에서 보이지 않는 인체의 모습을 만들어 내는데 이 과정에서 적분을 이용합니다.

04 만유인력의 법칙

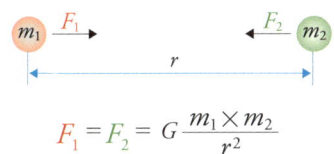

$$F_1 = F_2 = G\frac{m_1 \times m_2}{r^2}$$

만유인력의 법칙이란 모든 물체 사이에는 서로 잡아당기는 힘인 인력이 있다는 법칙입니다. 이때 잡아당기는 힘(F_1과 F_2)은 두 물체의 질량(m_1과 m_2)이 클수록 커지고, 거리(r)가 멀수록 작아지지요. 잘 익은 사과가 떨어지고, 평지를 걸을 때보다 오르막을 걸을 때 힘이 더 드는 것도 모두 만유인력 때문입니다. 썰물과 밀물, 던진 돌이 포물선이 그리며 떨어지는 것도 마찬가지입니다.

행성과 위성의 운동도 만유인력의 법칙으로 설명할 수 있습니다. 달이 떨어지거나 멀어지지 않고 지구 주위를 도는 것도 만유인력 때문입니다. 당기는 힘과 지구에서 멀어지려는 달의 힘이 합쳐져 달이 지구를 벗어나지 않고 돌 수 있습니다.

05 상대성이론

E는 에너지, m은 질량 그리고 c는 빛의 속도일 때, 다음 식이 성립합니다.

$$E=mc^2$$

빛의 속도는 진공에서 1초에 약 30만 km입니다. 빛의 속도 c의 값도 큰데, c^2의 값은 더 크겠지요. 그러므로 질량 m의 값이 아주 작아도 커다란 에너지를 얻을 수 있습니다. 원자력 발전이 작은 질량의 원료로 큰 에너지를 얻는 이유입니다. 방정식 $E=mc^2$은 원자력 발전의 초석이 되었으며 무시무시한 핵폭탄을 개발할 수 있게 되었습니다.

또한 위의 방정식에 중력을 적용한 이론도 탄생합니다. '아인슈타인' 하면 바로 떠오르는 것이 '상대성이론'입니다. 그는 이 이론으로 당시 절대적이라고 믿었던 시간과 공간에 대한 개념을 완전히 바꿔 놓았습니다. 이 이론에 따르면 공간은 중력이 강한 곳에서 휘어지며, 힘이 강하면 강할수록 더 많이 휘어지고 시간은 중력에 따라 느리게 또는 빠르게 흐릅니다.

영화 〈인터스텔라〉를 본 적이 있나요? 주인공 쿠퍼는 짧은 시간 동안 우주 탐사를 떠납니다. 그런데 다시 지구로 돌아와 보니 지구는 이미 몇십 년 시간이 흐른 뒤였습니다. 주인공이 머물렀던 행성의 중력이 아주 강했기 때문에 시간이 느리게 흘러 이렇게 큰 차이가 난 것이지요.

06 맥스웰 방정식

가우스 법칙	$\nabla \cdot D = \rho$
가우스 자기 법칙	$\nabla \cdot B = 0$
패러데이 전자기 유도 법칙	$\nabla \times E = -\frac{\partial B}{\partial t}$
앙페르 회로 법칙	$\nabla \times H = J + \frac{\partial D}{\partial t}$

위의 식 4개는 지금 여러분이 이해하기에는 굉장히 어려운 식입니다. 그냥 위의 식들을 이용해 전자기학이 발달했다는 사실 정도로 알면 됩니다.

맥스웰 방정식은 전자기학의 기초가 되는 방정식입니다. 쉽게 말해 전기는 자기(쇠붙이를 끌어당기거나 남북을 가리키는 등 자석이 갖는 작용이나 성질)를, 자기는 전기를 만드는 것을 설명하는 식입니다. 발전소에서 전기를 생산하여 우리 가정에 보낼 수 있는 것도 맥스웰 방정식이 있기 때문입니다. 이 법칙 덕분에 우리는 스마트폰, 전기자동차, 드론 그리고 유무선 통신을 사용할 수 있게 되었답니다.

16.
서로 짝지어진 관계

한 반에 속한 학생들은 출석 번호가 있습니다. 이는 이름과 출석 번호라는 관계로 연결되어 있지요. 키보드 자판을 누르면 자판에 새겨진 글자가 한 개씩 나타나고 자동판매기에 동전을 넣고 버튼을 누르면 선택한 음료수가 하나만 나옵니다. 이처럼, 우리는 주변에 많은 것을 짝지을 수 있습니다.

어느 한쪽의 양이 변할 때 관계가 있는 다른 쪽의 양이 변화하는 것도 있습니다. 예를 들어 스마트폰 데이터 사용량이 많아지면 그에 따라 요금이 올라갑니다. 이때 우리는 데이터 사용량과 요금을 짝지을 수 있지요. 학교에 갈 때 빠른 속력으로 가면 걸리는 시간이 줄어들겠지요? 이때도 속력과 걸리는 시간을 짝지을 수 있습니다.

01 좌표 평면

직선 위의 좌표

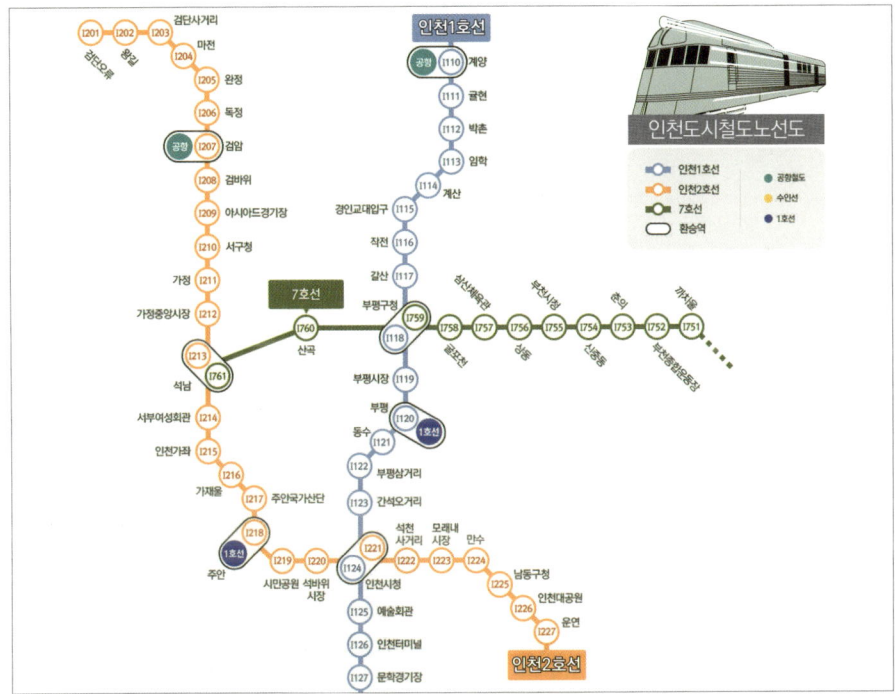

지하철 노선도를 보면 역마다 역의 이름과 번호가 있습니다. 이때 각 이름마다 하나의 번호가 대응되지요. 대응이란 두 대상이 어떤 관계에 따라 서로 짝이 되는 것을 뜻합니다. 이처럼 수직선 위의 각 점에 하나의 수를 대응시킬 수 있습니다.

다음 수직선 위의 세 점 A, O, B에 대응하는 수는 각각 −3, 0, 4입니다.

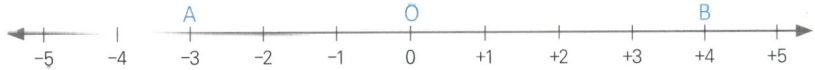

이와 같이 수직선 위의 점에 대응하는 수를 그 점의 좌표라고 합니다.

어떤 수 a가 점 P의 좌표일 때, 이것을 기호로 P(a)와 같이 나타냅니다. 앞의 수직선에서 세 점 A, O, B의 좌표를 기호로 각각 나타내면 A(-3), O(0), B(4)입니다.

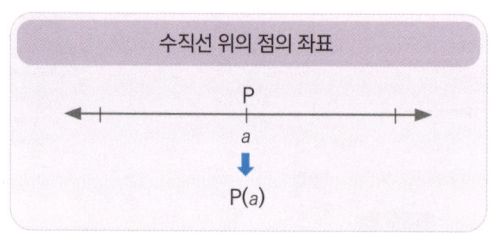

평면 위의 좌표

평면 위의 좌표란 쉽게 생각해 가로줄과 세로줄을 이용하여 위치를 나타내는 것입니다. 바둑판과 같은 평면에서 가로 수직선을 x축, 세로 수직선을 y축이라고 하며, 두 축을 통틀어 좌표축이라고 합니다. 이때, 두 좌표축이 만나는 점을 원점이라고 하여 O로 나타내고, 좌표축이 정해져 있는 평면을 좌표평면이라고 합니다.

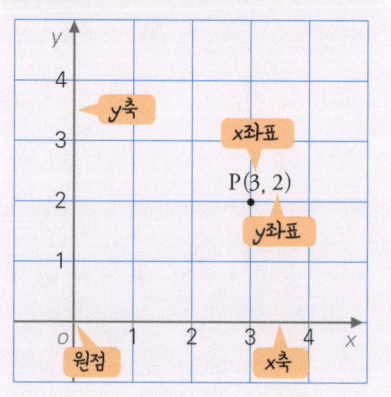

수직선 위의 점에 수를 대응시키듯이 좌표 평면 위의 점에도 순서쌍을 대응시킬 수 있습니다. 위에서 순서쌍

(3, 2)를 점 P의 좌표라 하고, 3을 x 좌표, 2를 y 좌표라고 합니다. 또 원점 O의 좌표는 (0, 0)입니다.

좌표 평면은 오른쪽 그림과 같이 좌표축에 따라 네 부분으로 나눌 수 있습니다. 이때, 각 부분을 반시계 방향으로 읽어 제1 사분면, 제2 사분면, 제3 사분면, 제4 사분면이라고 합니다. 각 사분면에 있는 점의 x 좌표와 y 좌표의 부호는 아래 표와 같습니다.

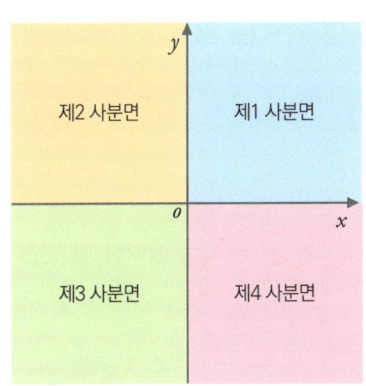

사분면	제1 사분면	제2 사분면	제3 사분면	제4 사분면
x 좌표	+	−	−	+
y 좌표	+	+	−	−

다음 문제를 풀어 보세요.

☑ 좌표 평면 위에 다음 점들을 나타내고 어느 사분면에도 속하지 않는 점을 찾으시오.

(1) M(2, 1)

(2) A(−4, 0)

(3) T(3, −1)

(4) H(−2, −3)

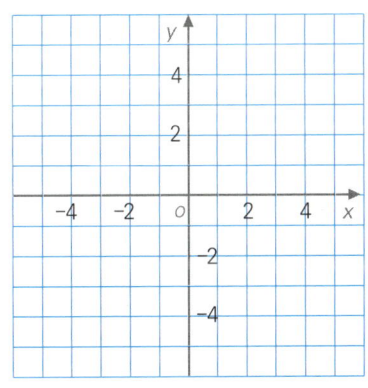

▲ 어느 사분면에도 속하지 않는 점은 (2) A(−4, 0)입니다.

한 걸음 더 깊이

좌표 평면을 완성한 데카르트

프랑스의 철학자이자 수학자인 데카르트는 여러 학문에 관심이 많았습니다. 그중에서도 수학이 어떠한 학문보다 정확하다고 생각해 수학에 몰두했습니다. 어느 날 데카르트는 침대에 누워 있다가, 천장을 기어 다니는 파리를 보고 '파리의 위치를 쉽게 나타내는 방법이 없을까'라고 생각했습니다. 이후 그는 천장에 있는 가로줄과 세로줄에서 좌표라는 개념을 생각해 냈지요. 직선상에 양수와 음수, 0을 나타냄으로써 기하학에 새로운 길을 연 것입니다. 후에는 이를 더 발전시켜 기하학의 기본인 점과 수를 연결했습니다. 그리하여 방정식을 도형으로, 도형을 방정식으로 표현할 수 있게 되었습니다.

02 정비례

어느 축구 선수가 골을 넣을 때마다 어린이 재단에 100만 원씩 기부한다고 합니다. 한 골을 넣으면 100만 원, 두 골을 넣으면 200만 원, 세 골을 넣으면 300만 원을 기부하기로 약속했지요. 이제 골을 x개 성공할 때, 기부금을 y만 원이라고 합시다. 그러면 다음과 같이 말할 수 있습니다.

x의 값이 2배, 3배, … 될 때, y의 값도 2배, 3배, …가 된다.

이러한 관계를 y는 x에 정비례한다고 합니다. y가 x에 정비례함을 식으로 나타내면 $y=ax$(단, a는 일정한 값, $a \neq 0$)로 표현할 수 있습니다. 따라서 위의 골과 기부금의 관계는 $y=100x$로 나타낼 수 있지요.

| $y=ax(a\neq0)$의 그래프 |

$y=2x$의 그래프를 그리기 위하여 x, y의 값을 표로 나타내면 다음과 같습니다.

x	…	-3	-2	-1	0	1	2	3	…
y	…	-6	-4	-2	0	2	4	6	…

표에서 대응하는 x, y값의 순서쌍 (-3, -6), (-2, -4), (-1, -2), (0, 0), (1, 2), (2, 4), (3, 6)을 좌표 평면 위에 나타내면 [그림 1]과 같습니다.

x값 사이의 간격을 0.5로 하여 나타내면 [그림 2]와 같이 더 촘촘한 그래프를 얻을 수 있습니다. 이처럼 $y=2x$에서 x값 사이의 간격을 점점 작게 하여 모든 수를 대입하면 [그림 3]과 같은 그래프를 얻을 수 있습니다.

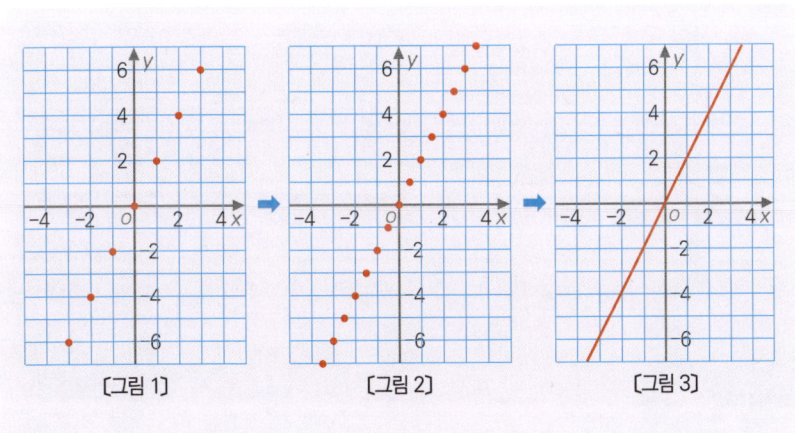

[그림 1]   [그림 2]   [그림 3]

다음 정비례 식의 그래프를 먼저 그려 보고 실제 그래프와 비교해 보세요.

(1) $y=x$ (2) $y=\frac{1}{2}x$ (3) $y=-x$ (4) $y=-2x$

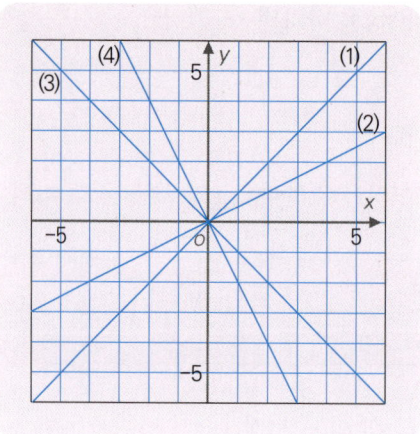

| 정비례 관계 y=ax(단, a≠0)의 그래프의 성질 |

정비례 관계 $y=ax$(단, $a\neq0$)의 그래프는 원점을 지나는 직선입니다.

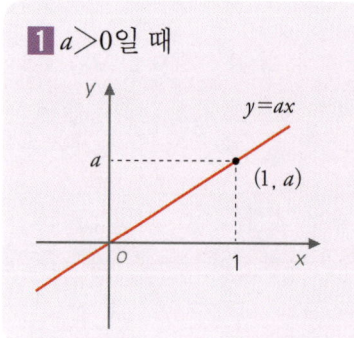

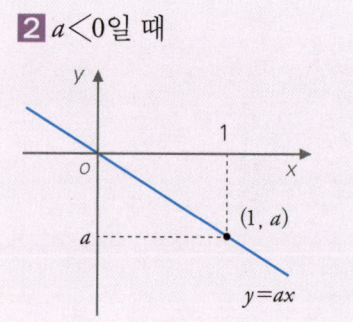

03 반비례

자동차를 타고 120km 떨어진 할머니 댁에 간다고 합시다. 시속 30km의 속력으로 간다면 도착하는 데 4시간이 걸리고, 시속 60km의 속력으로 가면 2시간이 걸립니다. 시속 120km의 속력으로 가면 1시간이 걸리지요. 이때 속력을 x, 걸린 시간을 y라 할 때 다음과 같이 말할 수 있습니다.

자동차의 속력 x가 2배, 3배, …가 될 때, 걸린 시간 y는 $\frac{1}{2}$배, $\frac{1}{3}$배, …가 된다.

이러한 관계를 y는 x에 반비례한다고 합니다. y가 x에 반비례할 때, 0이 아닌 일정한 수 a에 대하여 $y=\frac{a}{x}$인 관계가 성립하며, 이때 xy의 값은 일정하고 이 값은 a와 같습니다. 따라서 위의 속력과 걸린 시간의 관계는 $y=\frac{120}{x}$로 표현할 수 있습니다.

| $y=\frac{a}{x}$ ($a≠0$)의 그래프 |

반비례 관계 $y=\frac{6}{x}$에서 x의 값에 따른 y의 값을 구하여 표로 나타내면 다음과 같습니다.

x	-6	-3	-2	-1	1	2	3	6
y	-1	-2	-3	-6	6	3	2	1

위의 표에서 x, y의 순서쌍 (x, y)는 (-6, -1), (-3, -2), (-2, -3), (-1, -6), (1, 6), (2, 3), (3, 2), (6, 1)입니다. 이를 좌표로 하는 점을 좌표 평면 위에 나타내면 옆의 그림과 같습니다.

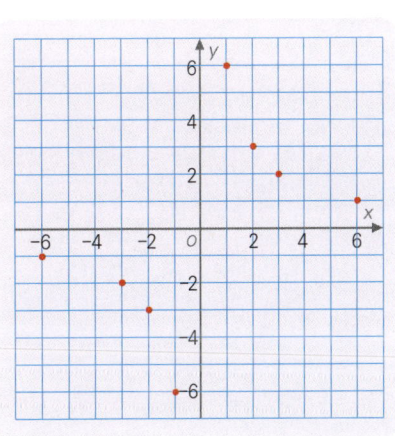

반비례 관계 $y=\dfrac{6}{x}$에서 x의 값 사이의 간격을 점점 좁게 하여 순서쌍 (x, y)를 좌표로 하는 점을 좌표 평면 위에 나타내면 [그림 1], [그림 2]와 같이 점점 곡선에 가깝게 촘촘해집니다. 따라서 x의 값이 0이 아닌 모든 수일 때, 반비례 관계 $y=\dfrac{6}{x}$의 그래프는 [그림 3]과 같이 좌표축에 점점 가까워지면서 한없이 뻗어 나가는 한 쌍의 매끄러운 곡선이 됩니다.

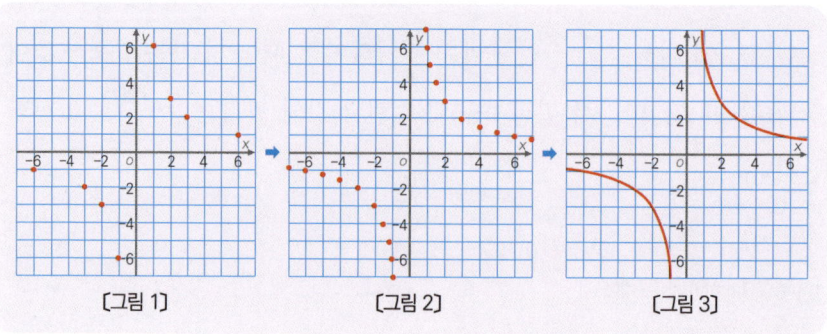

[그림 1]   [그림 2]   [그림 3]

참고 x의 값이 정해져 있지 않을 때는 x의 값이 0이 아닌 수 전체일 때로 생각한다.

다음 반비례식의 그래프를 먼저 그려 보고, 실제 그래프와 비교해 보세요.

(1) $y=\dfrac{4}{x}$ (2) $y=-\dfrac{4}{x}$

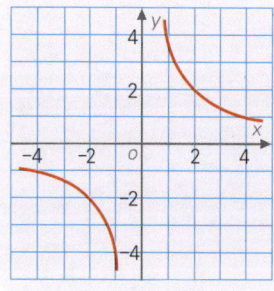   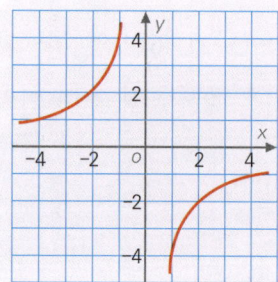

| 반비례 관계 $y=\dfrac{a}{x}$ (단, $a \neq 0$) 그래프의 성질 |

반비례 관계 $y=\dfrac{a}{x}$(단, $a \neq 0$)의 그래프는 원점에 대칭인 한 쌍의 매끄러운 곡선입니다.

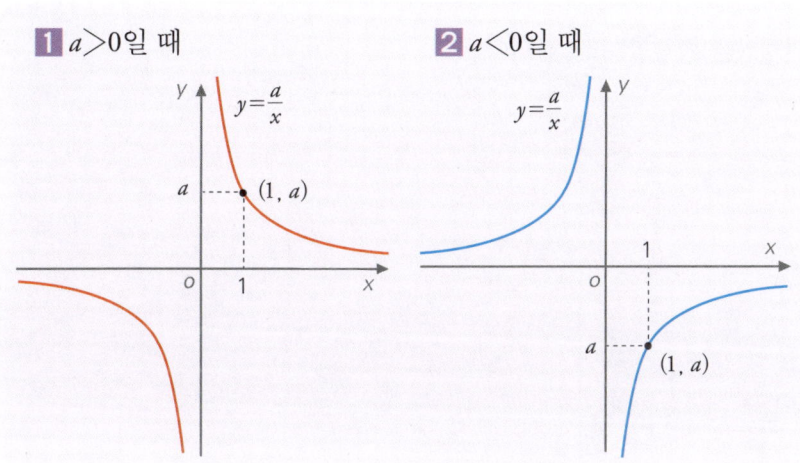

04 다양한 곳에서 볼 수 있는 정비례와 반비례

정비례와 반비례 관계를 활용하면 일상생활이나 자연에서 일어나는 많은 문제를 해결할 수 있습니다. 예를 들어 번개가 친 후 천둥소리가 들리기까지 '걸린 시간'과 '번개까지의 거리'는 정비례 관계에 있습니다.

소리는 1초에 약 340m를 이동합니다. 번개가 친 후 천둥소리가 들리기까지 걸린 시간을 x초, 번개까지 거리를 약 ym라고 하면, $y=340x$이라는 관계식을 세울 수 있습니다.

또 유리관 속의 기체의 부피와 압력은 서로 반비례합니다. 온도가 일정할 때, 압력을 2배, 3배, …로 증가시키면 부피는 $\frac{1}{2}$배, $\frac{1}{3}$배, …로 감소하는 것을 관찰할 수 있습니다. 이때 밀폐된 상태에서 기체의 부피와 압력의 곱은 일정하므로 이 값을 1이라 하고, x를 기압, y를 부피라 하면, $xy=1$입니다. 즉 $y=\frac{1}{x}$로 반비례 관계임을 확인할 수 있습니다.

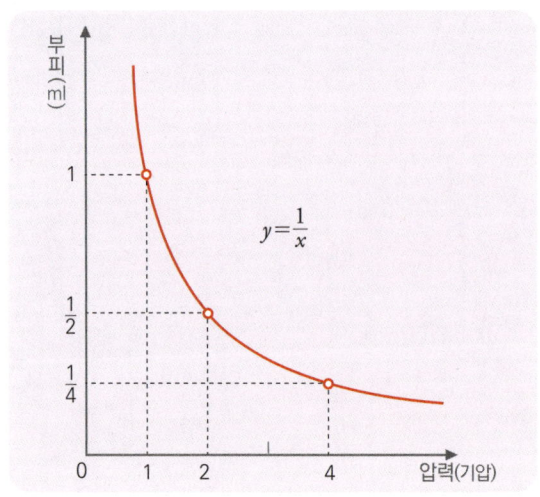

17.
여러 가지 그래프

아래 그래프들은 여러분이 앞으로 배울 그래프입니다. 중학교 2학년부터 고등학교까지 배울 그래프 중 대표적인 것 몇 가지만 소개합니다. 아직 이해하기는 어렵습니다. 다만 이 그래프들이 실생활에서 나타나는 여러 현상과 자연현상을 설명하는 데 중요한 역할을 한다는 사실만 깨달으면 됩니다.

01 $y=ax+b$의 그래프

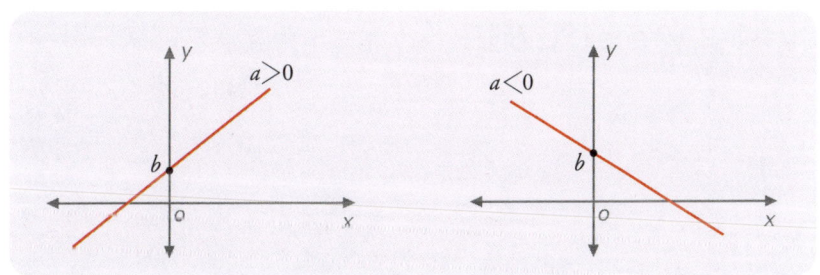

위와 같은 그래프로 사용량과 전기요금 또는 이동 시간과 남은 거리 등 하나가 변화할 때 다른 것이 일정하게 증가하거나 감소하는 현상을 설명할 수 있습니다.

02 $y=ax^2+bx+c$의 그래프

$y=ax^2+bx+c$을 $y=a(x-p)^2+q$의 모양으로 바꾸면 다음과 같은 그래프를 그릴 수 있습니다. 이를 이용해 우리는 포물선 운동을 하는 물체의 운동을 설명할 수 있습니다.

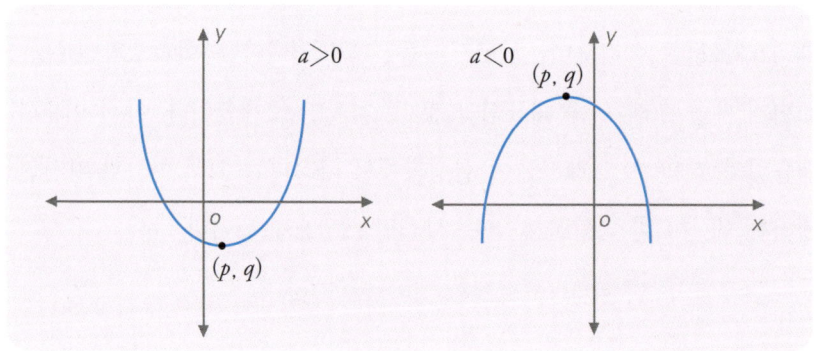

03 $y=\sin x$, $y=\cos x$의 그래프

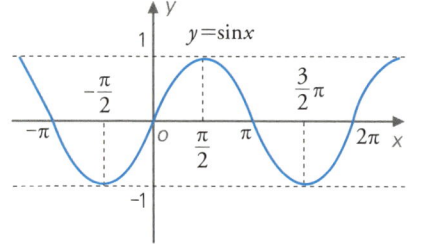
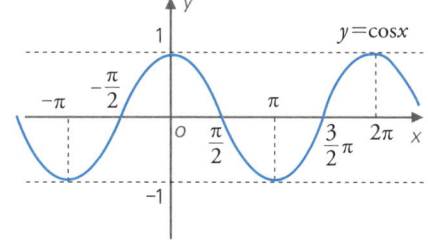

위와 같은 그래프로 전기장과 자기장 그리고 파동 등을 설명할 수 있습니다.

04 $y=ax^3+bx^2+cx+d$의 그래프

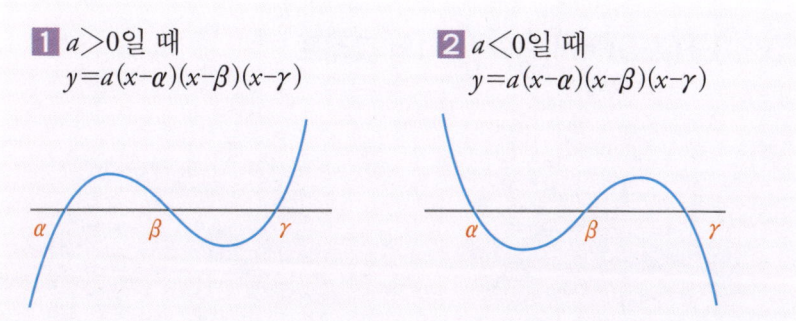

위와 같은 그래프로 끊임없이 계속 변화하는 경제·사회현상들을 설명할 수 있습니다.

05 $y=a^x$의 그래프

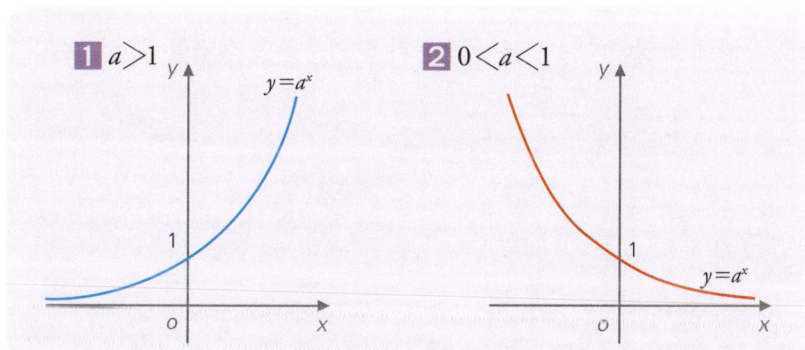

위와 같은 그래프는 경제의 흐름, 사회의 변화 등을 연구하는 데 사용됩니다. 앞(47쪽)에서 보았던 코로나바이러스 확진자의 기하급수적인 증가 등을 설명할 수 있습니다.

06 $(x-a)^2+(y-b)^2=r^2$, $\frac{x^2}{a^2}+\frac{y^2}{b^2}=1$의 그래프

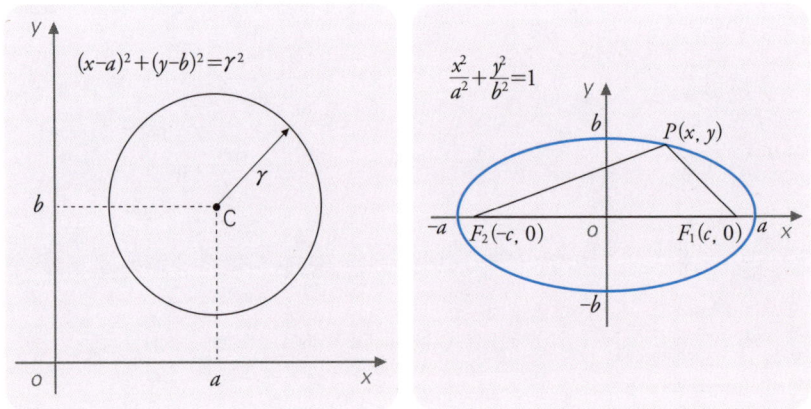

행성, 태양계 그리고 은하는 원운동이나 타원운동을 합니다. 작게는 원자 안에서 핵 주위를 돌고 있는 전자도 원운동이나 타원운동을 하지요. 위와 같은 그래프로 세상에서 일어나는 모든 원운동과 타원운동을 설명할 수 있습니다.

18. 점, 선, 면

고대 사람들은 경작하는 땅을 정하고 측량할 때 벌어지는 여러 문제를 정확하게 해결하려 했습니다. 이때 땅 둘레의 길이와 넓이 그리고 거리와 방향 등을 측정하는 여러 방법이 학문으로 발전해 기하학이 되었습니다. 사람들은 자신의 땅을 다른 사람의 것과 구분하여 표시하고 싶어했고, 그 과정에서 경계와 모퉁이라는 개념이 탄생했습니다. 영역을 구분하는 것이 바로 경계이고, 경계를 구분하는 두 개의 선은 모퉁이에서 서로 만난다는 사실을 알게 되었습니다.

이렇게 자연스럽게 생활에서 얻은 개념을 그리스인들은 추상적인 개념으로 발전시켰습니다. 내 땅을 표시하기 위한 경계는 폭이 없는 선이라는 개념으로 정의했습니다. 두 개의 경계선이 만나 이루어진 모퉁이는 위치는 있으나 부분이 없는 점이라는 개념으로 정의했지요.

현실	추상화
모퉁이	점
경계	선
토지	면

01 점, 선, 면

오른쪽 그림은 러시아 화가 칸딘스키의 작품입니다. 점, 선, 면을 이용하여 기하학의 힘과 아름다움을 잘 표현한 것으로 유명합니다. 우리 주변에는 삼각형, 사각형, 원 등 여러 가지 모양의 도형이 있지요? 이런 모든 도형의 기본이 되는 것이 바로 점, 선, 면입니다.

아래 그림과 같이 하나의 점이 움직인 자리는 선(직선 또는 곡선)이 되고, 선이 움직인 자리는 면(평면 또는 곡면)이 됩니다.

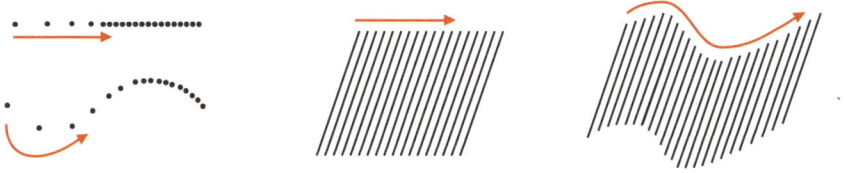

그러므로 선 위에는 무수히 많은 점이 있고, 면 위에는 무수히 많은 점과 선이 있다고 할 수 있습니다.

점들로 이루어진 선과 선들이 만들어 내는 면

점이 모이면 선이 되고, 선이 모이면 면이 됩니다. 이때 선으로 둘러싸인 도형을 평면도형이라 하고 면으로 둘러싸인 도형을 입체도형이라 합니다.

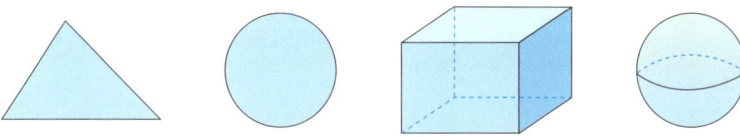

02 교점과 교선

선과 선, 선과 면, 면과 면이 만날 때 서로 만나는 부분이 생깁니다. 이때 선과 선이 또는 선과 면이 만날 때 생기는 점을 교점이라 하고, 면과 면이 만나서 생기는 선을 교선이라고 합니다.

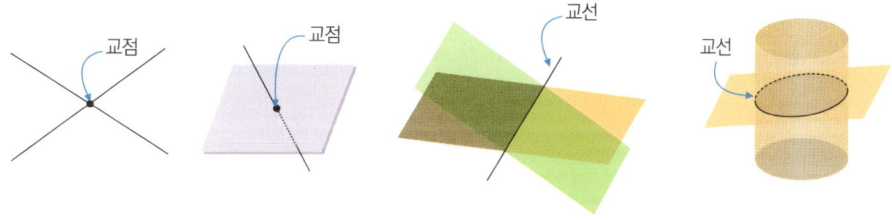

03 직선과 반직선

한 점을 지나는 직선은 무수히 많습니다. 다음 그림을 보면 바로 이해할 수 있을 겁니다.

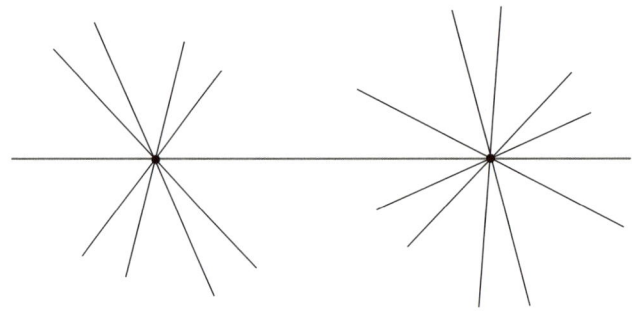

하지만 서로 다른 두 점을 지나는 직선은 오직 한 개입니다. 즉, 서로 다른 두 점은 하나의 직선을 결정한다고 할 수 있지요.

위 그림과 같이 서로 다른 두 점 A와 B를 지나는 직선을 직선 AB라 하고, 기호로 $\overleftrightarrow{AB}$ 또는 $\overleftrightarrow{BA}$와 같이 나타냅니다.

직선 AB 위에 한 점 O를 잡아 직선을 두 부분으로 나눌 때, 각각을 반직선이라고 합니다. 점 O에서 시작하여 점 A 쪽으로 뻗어 나가는 반직선을 반직선 OA라 하고, 점 O로부터 시작하여 점 B 쪽으로 뻗어 나가는 반직선을 반직선 OB라고 합니다. 기호로는 각각 $\overrightarrow{OA}$, $\overrightarrow{OB}$와 같이 나타냅니다.

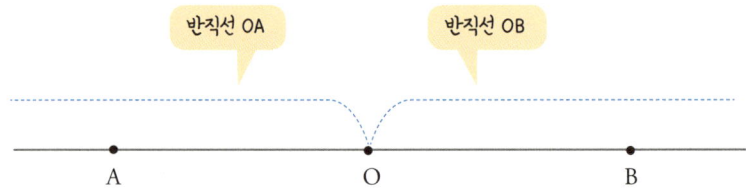

이때 반직선은 시작하는 점과 방향에 따라 결정된다는 점을 잊지 마세요. 점

O에서 시작했을 때는 $\overrightarrow{OA}$, 점 A에서 시작했을 때는 $\overrightarrow{AO}$로 나타냅니다. 이 둘은 서로 다른 반직선입니다.

04 두 점 사이의 거리

직선 *l* 위의 점 A에서 점 B까지의 부분을 선분 AB라고 하고, 기호로 $\overline{AB}$ 또는 $\overline{BA}$와 같이 나타냅니다.

두 점 A와 B를 연결하는 선은 무수히 많습니다. 하지만 그중에서 길이가 가장 짧은 것은 선분 AB입니다.

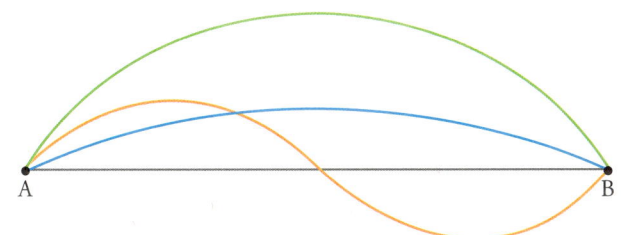

이때, 선분 AB의 길이를 두 점 A, B 사이의 거리라고 합니다.

선분 AB의 길이가 10cm일 때, 이것을 $\overline{AB}$=10cm와 같이 나타냅니다.

만약 두 선분 AB와 선분 CD의 길이가 같다면, $\overline{AB}=\overline{CD}$로 나타냅니다.

다음 그림을 보세요.

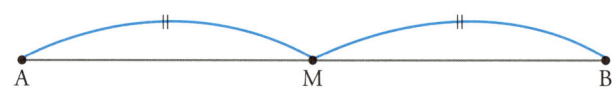

선분 AB 가운뎃점 M이 있고, 양쪽 선분 AM과 BM의 길이가 같을 때, 즉 $\overline{AM}=\overline{BM}$이 되는 점 M을 선분 AB의 중점이라고 합니다. 선분 AB를 반으로 나누기 때문에 $\overline{AM}=\overline{BM}=\frac{1}{2}\overline{AB}$로 나타낼 수 있습니다.

한 걸음 더 깊이

유클리드 기하학

유클리드 기하학은 고대 그리스의 수학자 '유클리드'가 만든 수학 체계입니다. 그가 쓴 《원론》은 기하학에 관한 책으로, 용어를 약속했고 이를 '정의'라 불렀습니다. 특히 참으로 받아들일 수 있는 것을 '공준(공리)'이라 불렀으며 정의와 공준을 기준으로 참과 거짓을 명확히 판별할 수 있는 문장(명제)이나 식이 참임을 밝혔습니다. 그는 참인 명제를 '정리'라 불렀습니다. 이러한 논리적인 방식으로 저술된 《원론》은 현재의 수학의 기본이 되었습니다.

23개의 정의 중 일부

1. 점은 부분이 없는 것이다.
2. 선은 폭이 없이 길이만 있는 것이다.
3. 선의 양 끝은 점들이다.
4. 직선이란 그 위의 점에 대해 한결같이 늘어선 선이다.

5개의 공준 (참임을 직관적으로 받아들일 수 있는 것)

1. 서로 다른 두 점이 주어졌을 때, 그 두 점을 잇는 직선을 그을 수 있다.
2. 임의의 선분은 더 연장할 수 있다.
3. 서로 다른 두 점 A, B에 대해, 점 A를 중심으로 하고 선분 AB를 반지름으로 하는 원을 그릴 수 있다.
4. 모든 직각은 서로 같다.
5. 임의의 직선이 두 직선과 만날 때 같은 방향에 있는 내각의 합이 두 직각의 합 180°보다 작을 때, 두 직선을 계속 연장하면 두 각의 합이 두 직각보다 작은 쪽에서 교차한다. (평행선의 공리)

수많은 정리 중의 하나

정리는 정의와 공준 그리고 이미 참으로 밝혀진 정리를 이용하여 참임이 밝혀진 것입니다. 앞으로 증명이라는 용어를 많이 만날 것입니다. 증명은 수학 공부의 핵심입니다. 아래 정리는 초등학교에서 배워 잘 알고 있는, 그리고 중학교에서 증명할 정리 중 하나입니다.

이등변삼각형의 두 밑각의 크기는 같다.

이면

$\overline{AB}=\overline{AC}$이면 $\angle B=\angle C$이다.

19.
각

농구를 할 때 쉽게 골을 넣으려면 던지는 각도와 세기를 잘 조절해야 합니다. 던지는 각도와 세기가 공이 골대에 들어가는 각도를 결정하기 때문입니다. 결론부터 말하면 각도가 클수록 성공률이 높습니다.

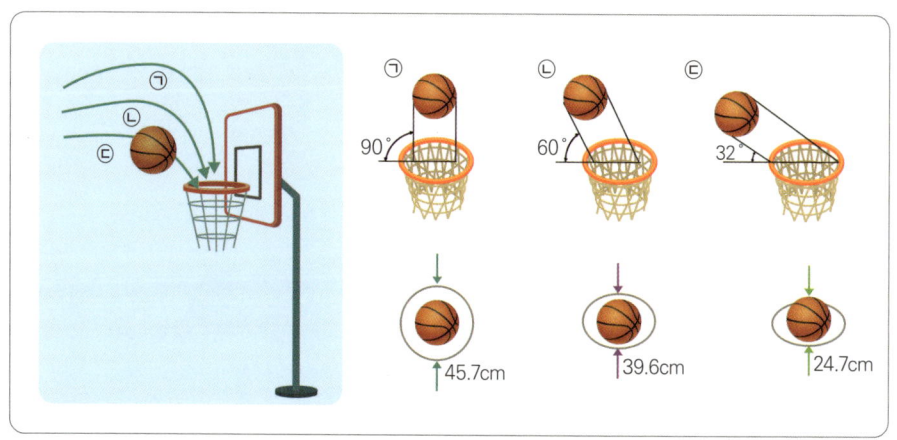

슛의 각도와 성공률(32°<60°<90°)

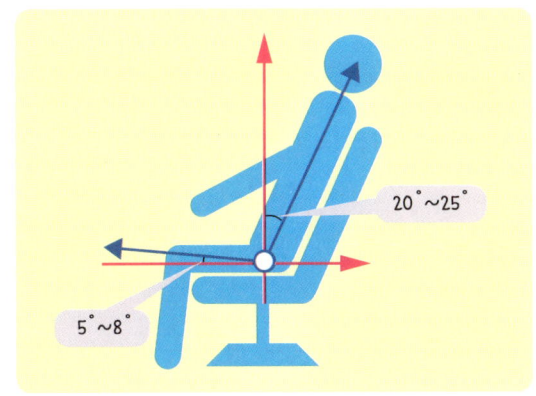

의자에 앉을 때 바른 자세를 유지하라는 말을 들어본 적이 있을 겁니다. 앉은 자세에서도 각도가 중요하지요. 올바른 자세는 의자와 허벅지 사이의 각도는 5°에서 8° 사이를 유지하는 것이 좋으며 의자 등받이와의 각도는 20°에서 25° 사이가 좋습니다.

01 각의 표기와 크기

한 점 O에서 시작한 두 반직선 OA와 OB로 이루어진 도형을 각이라 하고, 기호로 ∠AOB, ∠BOA, ∠O, ∠a와 같이 나타냅니다. 이때, 점 O를 각의 꼭짓점, 두 반직선 OA와 OB를 각의 변이라고 하지요. ∠AOB에서 꼭짓점 O를 중심으로 변 OB를 변 OA까지 화살표 방향으로 회전시킬 때, 회전한 양을 '∠AOB의 크기'라고 합니다.

∠AOB의 크기가 30°이면 다음과 같이 나타낼 수 있습니다.

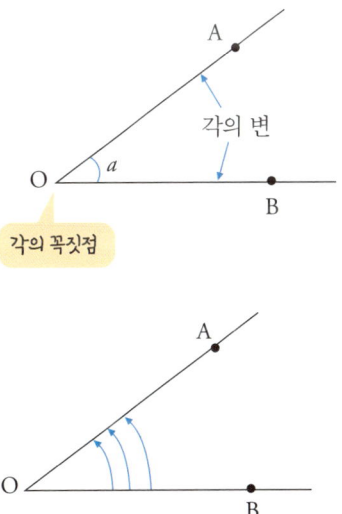

∠AOB=30° 또는 ∠O=30°

이때 각의 크기는 회전한 양과 같습니다. 아래 그림은 회전 횟수 그리고 회전 방향에 따른 각의 크기를 나타낸 것입니다. 중학교에서는 180° 이하만 다루며, 고등학교에서 $360° \times n + 30°$(단, n은 정수)라는 식으로 배웁니다.

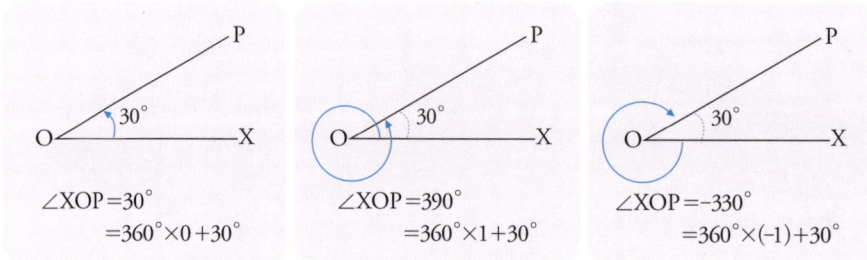

맨 처음 그림의 각은 회전 횟수 n이 0이므로 $360° \times 0 + 30°$, 즉 30°입니다. 두 번째 그림을 볼까요? 한 바퀴 회전한 후 30°만큼 더 이동했으므로 $360° \times 1 + 30°$가 되어 390°임을 알 수 있습니다. 세 번째 그림에서 앞의 두 그림과 다른 점을 눈치챘나요? 바로 회전 방향이 반대입니다. 즉 n의 값이 -1이란 뜻입니다. 따라서 $360° \times (-1) + 30°$가 되어 세 번째 그림의 각은 -330°가 됩니다.

02 각의 종류

크기가 0°보다 크고 90°보다 작은 각을 예각이라고 하고, 크기가 90°인 각을 직각이라고 하며, 크기가 90°보다 크고 180°보다 작은 각을 둔각이라고 합니다. 또 크기가 180°인 각을 평각이라고 하지요. 다음 시계 그림을 보면 확실히 이해할 수 있습니다.

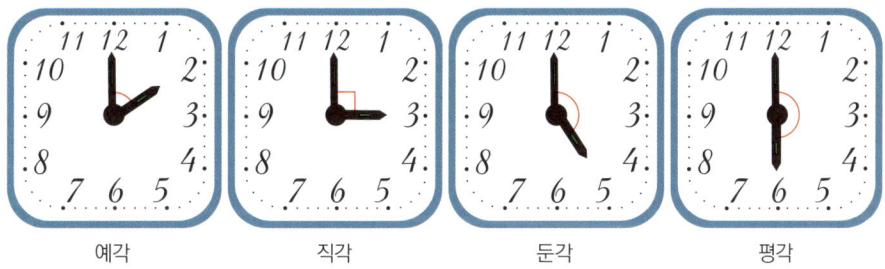

도형에서 직각을 나타낼 때는 아래 그림과 같이 그리고, 기호로 다음과 같이 나타냅니다.

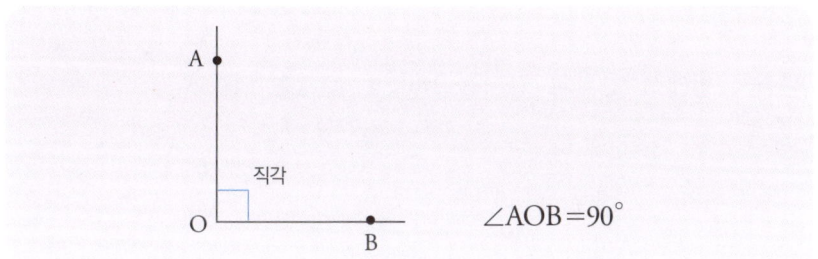

또한 각의 기본 단위인 $1°$는 평각의 크기인 $180°$의 $\frac{1}{180}$입니다.

다음 그림에서 ∠AOB의 크기는 $135°$입니다. 일반적으로 각의 크기는 작은 쪽의 각을 의미합니다.

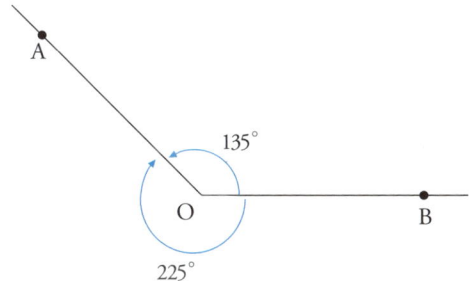

03 맞꼭지각

오른쪽 그림과 같이 두 직선이 만날 때에 생기는 4개의 각 ∠a, ∠b, ∠c, ∠d를 두 직선의 교각이라고 합니다. 이때, 서로 마주 보는 두 쌍의 교각을 맞꼭지각이라고 부릅니다.

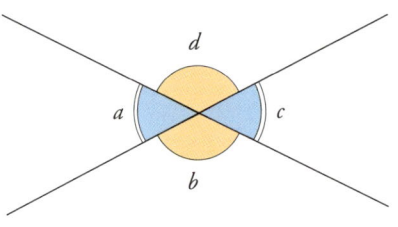

즉, ∠a와 ∠c, ∠b와 ∠d는 서로 맞꼭지각입니다.

오른쪽 그림에서 평각의 크기는 180°이므로

∠a+∠b=180°, ∠b+∠c=180°입니다.

따라서 ∠a+∠b=∠b+∠c이므로 ∠a=∠c입니다.

마찬가지로 ∠b=∠d입니다.

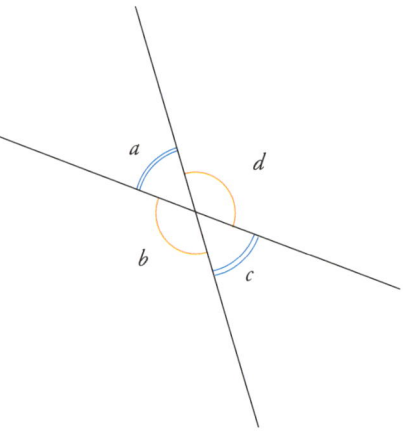

> **맞꼭지각의 성질**

두 직선이 한 점에서 만날 때에 생기는 맞꼭지각의 크기는 서로 같다.

과학에서 빛이 반사될 때 입사각과 반사각이 같다는 사실을 배웠지요? 다음의 오른쪽 그림에서 맞꼭지각과 앞으로 배울 합동을 이용하면 여러분이 스스로 증명할 수 있습니다.

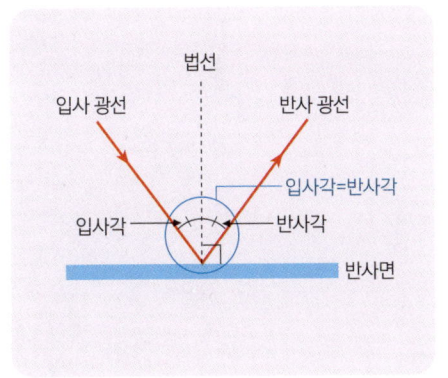 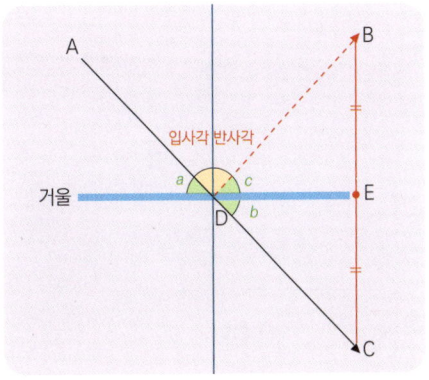

04 수선의 발

두 직선 AB와 CD가 만나 생기는 교각이 직각일 때, 두 직선은 서로 직교한다고 하며, 기호로 $\overleftrightarrow{AB} \perp \overleftrightarrow{CD}$와 같이 나타냅니다.

이때, 두 직선은 서로 수직이라고도 하며, 한 직선을 다른 직선의 '수선'이라고 합니다.

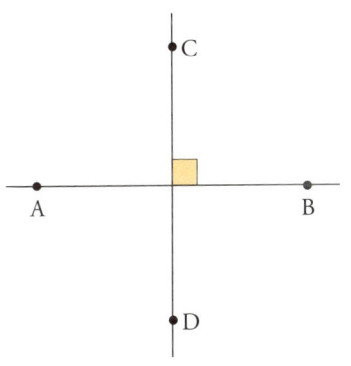

다음 그림을 봅시다. 직선 l 밖의 점 A에서 직선 l에 수선을 그어 그 교점을 H라고 할 때, 점 H를 점 A에서 직선 l에 내린 '수선의 발'이라고 합니다. 이때, 선분 AH는 점 A와 직선 l 위의 점을 잇는 선분 중에서 그 길이가 가장 짧으므로 점 A와 직선 l 사이의 거리라고 합니다.

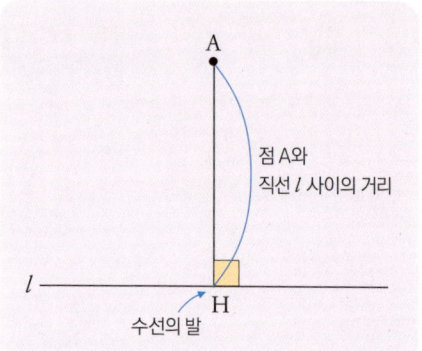 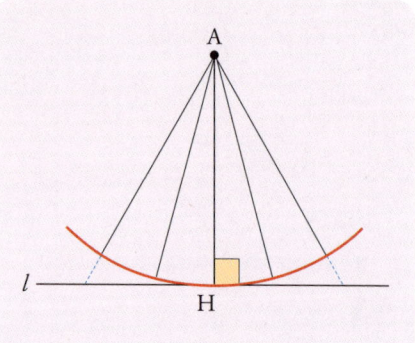

한 걸음 더 깊이

직각과 피타고라스 정리

건물이 바닥과 수직을 이루지 않는다면 어떻게 될까요? 아마 항상 기울어진 채로 있어 안전하지 않겠지요. 물론 현대 건축 기술을 사용하면 바닥과 수직을 이루지 않는 건물도 건축할 수 있습니다.

모든 각은 중요합니다. 그중 직각의 중요성은 아무리 강조해도 지나치지 않습니다. 주위를 살펴보세요. 가장 눈에 띄는 각도는 직각임을 금방 알 수 있습니다. 책, 필통, 책상, 침대, 방 등 많은 곳에서 직각을 발견할 수 있지요.

수학에서 위대한 순간은 직각과 깊은 관련이 있습니다. 특히 피타고라스 정리는 직각삼각형의 성질을 다루는 것으로 중요한 정리 중 하나입니다. 직각과 관련된 모든 학문과 기술에서 기본이기 때문이지요.

피타고라스 정리

직각삼각형에서 직각을 낀 두 변 a와 b 길이의 제곱의 합은 빗변 c 길이의 제곱과 같다.

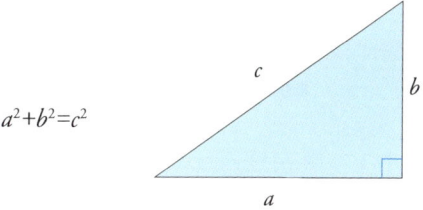

$a^2+b^2=c^2$

삼각형의 종류와 피타고라스 정리

삼각형은 각의 크기에 따라 예각삼각형, 직각삼각형, 둔각삼각형으로 나눌 수 있습니다.

- 예각삼각형 – 모든 각이 90°보다 작다.
- 둔각삼각형 – 하나의 각이 90°보다 크다.
- 직각삼각형 – 하나의 각이 90°이다.

피타고라스 정리는 직각삼각형에 관한 식이지요. 이 식을 예각삼각형과 둔각삼각형에서도 적용할 수 있습니다.

삼각형 ABC에서 가장 긴 변의 길이를 c, 다른 두 변의 길이를 a, b라고 할 때 다음 표와 같은 식이 성립합니다.

$c^2 < a^2+b^2$이면	$c^2 = a^2+b^2$이면	$c^2 > a^2+b^2$이면
∠C<90°	∠C=90°	∠C>90°
예각삼각형	직각삼각형	둔각삼각형

20. 평행선의 성질

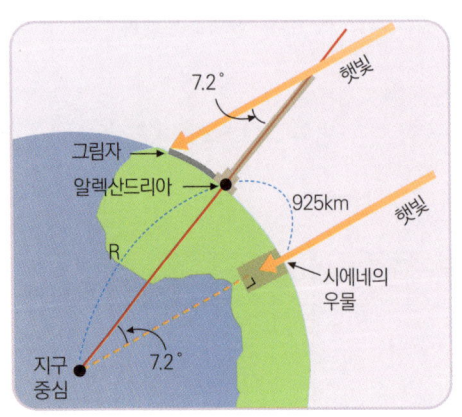

지구 둘레의 길이를 처음으로 잰 사람은 그리스 수학자 '에라토스테네스'입니다. 도서관에서 책을 읽던 그는 우연히 책에서 "시에네에 있는 우물에는 하짓날 정오가 되면 햇빛이 깊은 우물 속까지 미친다."라는 문구를 발견했습니다. 땅에 막대를 수직으로 세우면 그림자가 생기지 않는다는 것과 같은 이야기였지요. 그러나 자신이 살고 있는 알렉산드리아에서는 같은 시각, 땅에 수직으로 막대를 세웠더니 그림자가 생겼습니다.

호기심이 생긴 에라토스테네스는 '지구로 들어오는 햇빛은 평행하다'라는 가설을 세웠습니다. 그러고는 알렉산드리아와 시에네 사이의 거리와 막대기의 그림자를 이용해 사잇각 7.2°를 구했습니다. 이 값으로 지구가 둥글다는 가설을 확인했고 지구 둘레의 길이를 구할 수 있었습니다.

지구를 돌아보지도 않고, 지구 밖에서 확인하지도 않고 지구가 둥글다는 것을 확신하고 지구 둘레의 길이를 측정할 수 있었던 것은 모두 수학의 힘입니다.

01 평행선의 성질

동위각, 엇각

그림과 같이 두 직선 l, m이 다른 한 직선 n과 만날 때에 모두 8개의 교각이 생깁니다. 이 중 서로 같은 방향에 위치한 4쌍의 각, $\angle a$와 $\angle e$, $\angle b$와 $\angle f$, $\angle c$와 $\angle g$, $\angle d$와 $\angle h$를 동위각이라 하고, $\angle c$와 $\angle e$, $\angle b$와 $\angle h$와 같

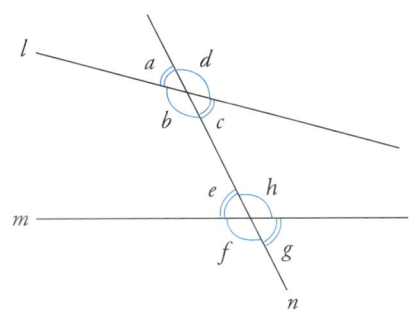

이 서로 엇갈린 위치에 있는 두 각을 엇각이라 합니다.

한 평면에 있는 두 직선 l과 m이 만나지 않을 때, 두 직선은 서로 평행하다고 하며, 기호로 다음과 같이 나타냅니다.

$$l /\!/ m$$

이때, 서로 평행한 두 직선을 평행선이라 부르지요.

아래 그림과 같이, 두 개의 삼각자를 사용하여 평행선 l과 m을 그리세요. 이때 생긴 동위각 $\angle a$와 $\angle b$의 크기는 서로 같습니다. 또한 동위각인 각 $\angle a$와 $\angle b$의 크기가 같을 때, 두 직선 l과 m은 평행합니다.

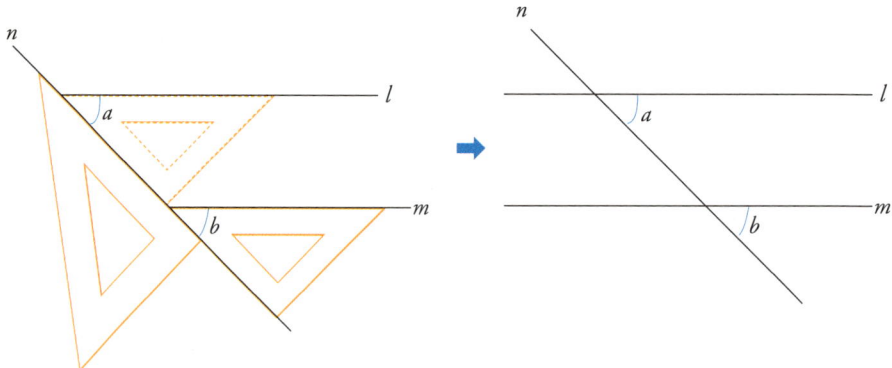

이로부터 알 수 있는 평행선과 동위각에 대한 성질은 다음과 같습니다.

평행선과 동위각의 성질

한 평면 위에서 두 직선이 다른 한 직선과 만날 때

① 두 직선이 평행하면 동위각의 크기는 같다.

  $l // m$이면 $\angle a = \angle b$

② 동위각의 크기가 같으면 두 직선은 평행하다.

  $\angle a = \angle b$이면 $l // m$

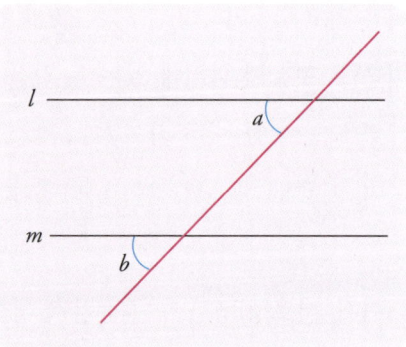

도전하기 18 평행선과 동위각의 성질을 이용하여 에라토스테네스의 방법대로 지구의 둘레를 구하고 현재의 값과 차이가 있는 이유를 적으세요.

평행선과 엇각의 성질

그림에서 두 직선 l과 m이 평행할 때, ∠a와 ∠b는 동위각이므로 ∠a=∠b입니다. 또, ∠b와 ∠c는 맞꼭지각이므로 ∠b=∠c입니다.

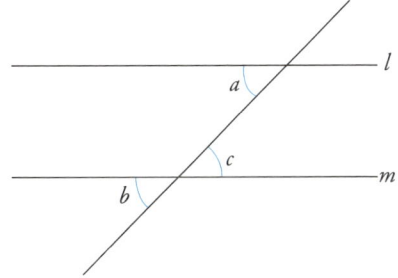

따라서 ∠a=∠c, 즉 엇각의 크기가 같습니다.

또한 엇각 ∠a와 ∠c의 크기가 같을 때, 두 직선 l과 m은 평행입니다.

이로부터 알 수 있는 평행선과 엇각에 대한 성질을 정리하면 다음과 같습니다.

두 직선이 다른 한 직선과 만날 때

① 두 직선이 평행하면 엇각의 크기는 같다.
   l//m이면 ∠a=∠b
② 엇각의 크기가 같으면 두 직선은 평행하다.
   ∠a=∠b이면 l//m

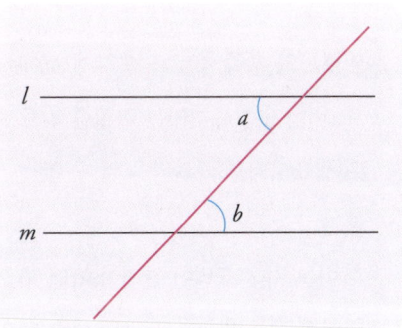

아래 그림처럼 직선 l과 m을 그리세요.

두 직선이 서로 평행($l /\!/ m$)이면 맞꼭지각과 동위각, 엇각의 성질을 이용하여 $\angle a = \angle c = \angle e = \angle g$이고, $\angle b = \angle d = \angle f = \angle h$임을 알 수 있습니다.

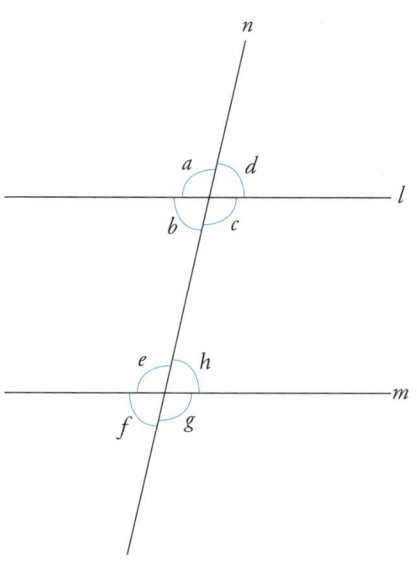

한 걸음 더 깊이

지구 표면에 평행선은 존재할까?

비행기의 운항 경로를 생각해 보세요. 비행기가 움직이는 경로를 지도 위에 표시하면 곡선임을 알 수 있습니다.

이는 지구 표면이 평면이 아닌 구면이기 때문입니다. 직선은 서로 다

른 두 지점을 연결하는 최단 거리를 연결한 선이므로 지구 표면상의 직선은 지구의 중심을 지나는 원의 둘레, 즉 대원입니다.

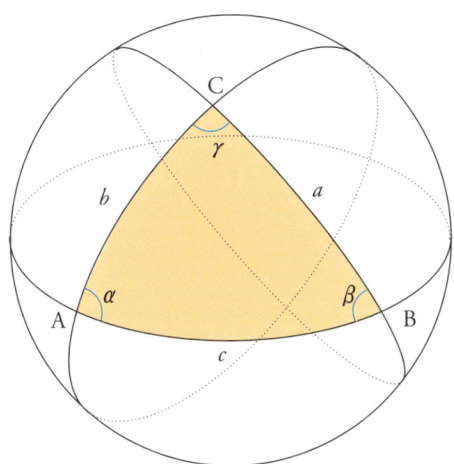

위의 그림에서 서로 다른 두 직선(대원)은 모두 두 점에서 만납니다. 여러분이 직접 공에 대원을 그리면 확실하게 알 수 있습니다. 이때 직선(대원)은 두 점을 연결하는 가장 짧은 선임을 잊지 말아야 합니다. 다른 곳에 선을 그으면 그것은 직선(대원)이 아닙니다. 직선(대원)은 어디서든 두 점에서 만납니다. 그러므로 지구 표면에는 평행선이 존재하지 않습니다.

지구는 구 형태이기 때문에 구면 위의 기하학을 연구해야 합니다. 구면에서의 직선을 이해하면 '구면에서 삼각형의 내각의 합은 180°보다 크다'라는 사실도 알 수 있습니다.

구면과 같은 곡면 위의 도형을 연구하는 분야를 '비유클리드 기하학'이라 합니다. 우리는 실제로 평면이 아닌 지구의 구면 위에 살고 있고, 우주의 모양도 공간이 휘어져 있습니다. 그래서 많은 학자에게 곡면 위의 도형을 연구하는 '비유클리드 기하학'이 필수가 되었습니다.

21.
위치 관계

왼쪽 사진은 실제 구조물이고, 오른쪽은 평면 그림입니다. 그런데 보면 볼수록 이상하지 않나요? 어느 쪽이 안쪽이고 바깥쪽인지 언뜻 보아서는 알 수 없습니다. 보는 방향 때문입니다. 공간에 있는 구조물을 평면에 사진으로 표현하다 보니 이상해 보이는 것뿐입니다. 이렇게 점, 선, 면의 위치 관계에 따라 독특한 도형을 만들 수 있습니다.

 **19** 앞 사진은 불가능한 도형처럼 보이지만, 다른 방향에서 찍으면 불가능한 도형이 아님을 알 수 있습니다. 다른 방향에서 찍으면 어떤 모양인지 상상하여 보세요.

01 점과 직선의 위치 관계

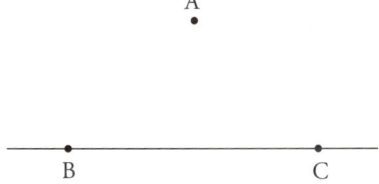

위 그림과 같이 세 점 A, B, C가 주어졌을 때, 두 점 B, C를 지나는 직선 BC와 세 점 A, B, C 사이의 위치 관계를 알아봅시다.

그림에서 점 B와 점 C는 직선 BC 위에 있지만, 점 A는 직선 BC 위에 있지 않습니다. 일반적으로 점과 직선의 위치 관계는 다음과 같이 두 가지로 나누어 생각할 수 있습니다.

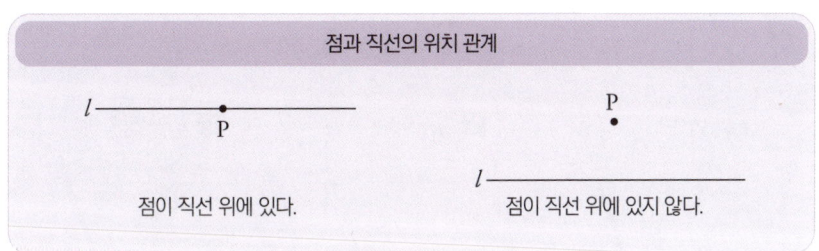

02 두 직선의 위치 관계

평면에서 두 직선의 위치 관계

한 평면 위에 있는 두 직선의 위치 관계에는 다음 세 가지가 있습니다.

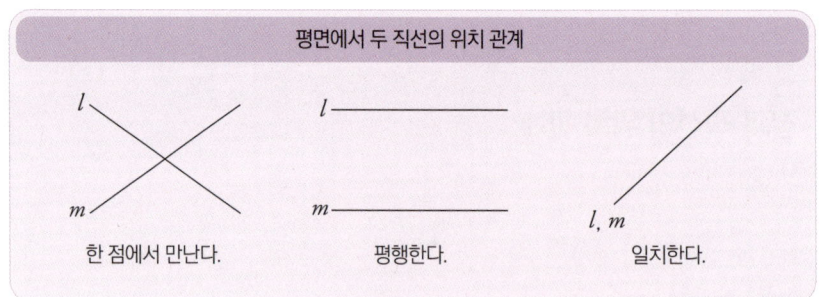

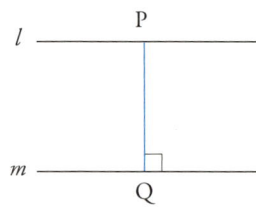

옆 그림에서 두 직선 l, m이 서로 평행할 때, 직선 l 위의 한 점 P에서 직선 m에 내린 수선의 발을 Q라고 하면, 선분 PQ의 길이가 두 평행선 l, m 사이의 거리입니다.

공간에서 두 직선의 위치 관계

공간에 있는 두 직선의 위치 관계에는 다음 세 가지가 있습니다.

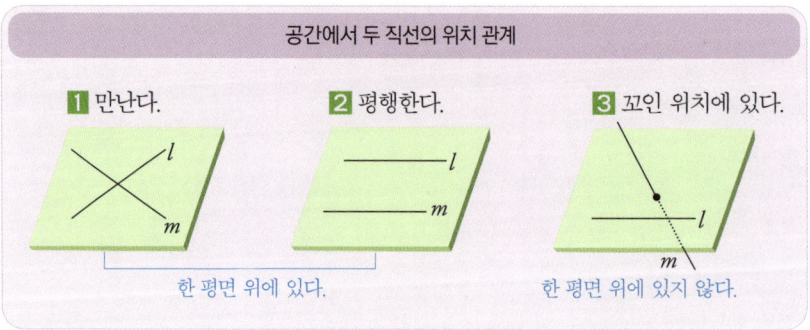

특히, 앞 그림 **3**에서와 같이 공간에 있는 두 직선 l, m이 만나지도 않고 평행하지도 않을 때, 이 두 직선은 꼬인 위치에 있다고 합니다. 이때, 두 직선은 서로 다른 평면 위에 있지요. 직육면체를 생각하면 이해하기 쉽습니다.

직육면체의 모서리 AB는 모서리 DH, 모서리 CG, 모서리 EH, 모서리 FG와 꼬인 위치에 있습니다. 이들은 서로 만나지도 평행하지도 않습니다.

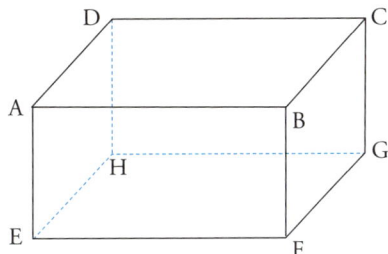

03 직선과 평면의 위치 관계

공간에서 직선과 평면의 위치 관계에는 다음 세 가지가 있습니다.

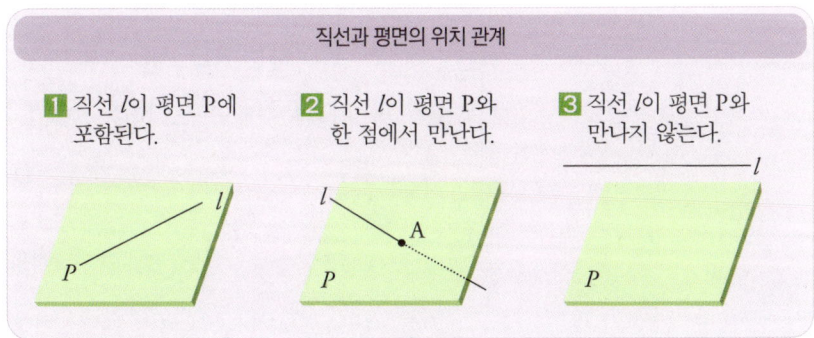

위 그림 **3**에서와 같이 직선과 평면이 만나지 않을 때, 직선 l과 평면 P는 서로 평행이라 하고, 이것을 다음과 같이 나타냅니다.

$$l /\!/ P$$

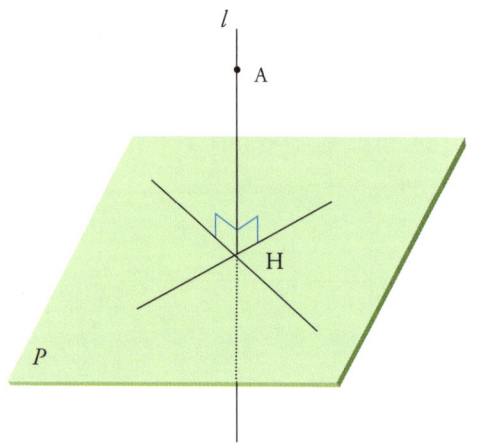

왼쪽 그림을 보세요. 직선 l이 평면 P와 한 점 H에서 만나고, 점 H를 지나는 평면 P 위의 모든 직선과 수직일 때, 직선 l과 평면 P는 서로 수직이라고 하며, 기호로 $l \perp P$와 같이 나타냅니다. 이때, 직선 l을 평면 P의 수선, 점 H를 수선의 발이라고 하지요.

그리고 점 A에서 평면 P에 내린 수선의 발을 H, 직선 l 위의 한 점을 A라고 할 때, $\overline{AH}$의 길이를 점 A와 평면 P 사이의 거리라고 합니다.

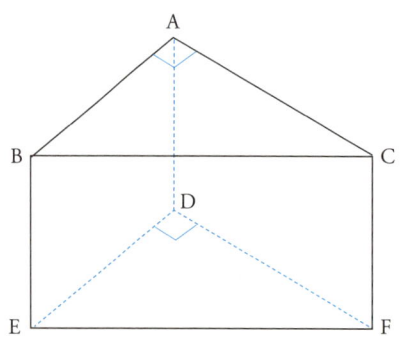

옆 그림과 같이 밑면이 직각삼각형인 삼각기둥에서 면 ABC에 수직인 모서리는 $\overline{AD}$, $\overline{BE}$, $\overline{CF}$이고, 면 ABED와 수직인 모서리는 $\overline{AC}$, $\overline{DF}$입니다.

04 공간에서의 두 평면의 위치 관계

공간에서 두 평면의 위치 관계에는 다음 세 가지가 있습니다.

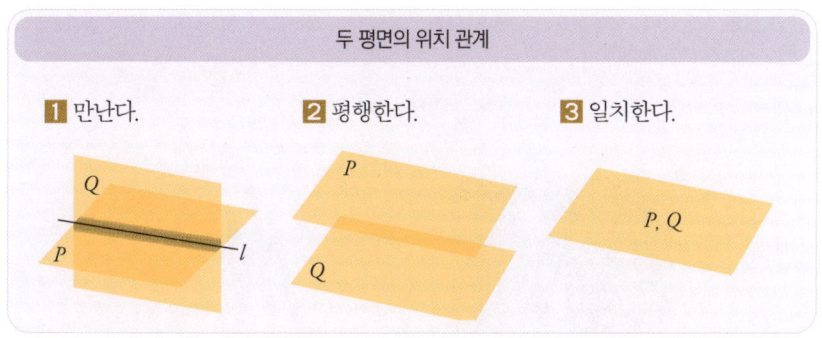

위 그림 ①에서와 같이 두 평면이 만나서 생기는 직선 l을 교선이라고 합니다. 그림 ②와 같이 두 평면이 서로 만나지 않을 때 두 평면은 서로 평행이며, 기호로 다음과 같이 나타냅니다.

$$P/\!/Q$$

오른쪽 그림과 같이 평행한 두 평면 P, Q가 다른 한 평면 R과 만날 때에 생기는 교선 l, m은 서로 평행합니다.

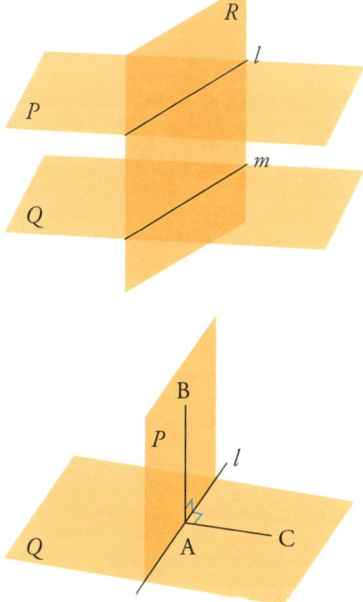

두 평면 P, Q가 직선 l에서 만난다고 합시다. 직선 l 위의 한 점 A를 지나면서 각 평면에 포함되는 두 직선 AB, AC를 그어 $l \perp \overleftrightarrow{AB}$, $l \perp \overleftrightarrow{AC}$가 되도록 할 때, ∠BAC=90°이면 두 평면은 서로 수직이라 하고, 기호로 다음과 같이 나타냅니다.

$$P \perp Q$$

한 걸음 더 깊이

평면을 결정하는 조건

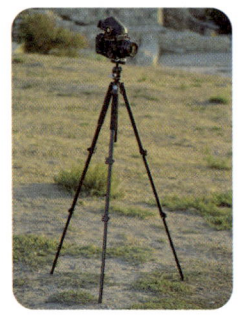 

정교한 사진을 찍을 때는 카메라가 흔들리지 않도록 삼각대 위에 카메라를 고정합니다. 이처럼 다리가 세 개인 물건은 우리 주위에 많이 있지요. 그런데 다리는 왜 세 개일까요?

다리가 한 개 또는 두 개인 삼각대를 떠올려 보세요. 카메라를 올려놓기도 전에 넘어질 것입니다. 다리가 네 개인 경우는 어떨까요? 만약 네 개의 다리 중 하나가 길이가 다르다고 생각해 보세요. 아마 조금만 달라도 안정적이지 못해 쓰러지거나 다리 하나는 공중에 떠 있겠지요. 그러나 다리가 세 개인 경우는 다리의 길이가 달라도 항상 평면에 안착할 수 있습니다. 모든 평면에서 일직선에 있지 않은 세 점이 한 평면을 결정하기 때문입니다.

다음은 평면을 결정하는 네 가지 조건입니다.

평면의 결정 조건

1 한 직선 위에 있지 않은 서로 다른 세 점

2 한 직선과 그 직선 위에 있지 않은 한 점
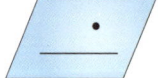

3 한 점에서 만나는 두 직선

4 평행한 두 직선

평면과 공간 나누기

케이크를 칼로 한 번 자르면 두 조각으로 나누어지고, 두 번 자르면 최대 네 조각으로 나누어집니다. 만약 케이크를 5번 자르면 최대 몇 조각이 될까요?

 도전하기 20 케이크를 밑면과 수직이 되도록 자를 때

(1) 1번, 2번, 3번, … 직선으로 평면이 최대 몇 조각으로 나누어지는지 구하세요.

직선의 개수	1	2	3	4	5
직선에 의해 평면이 나뉜 개수	2	4	7		

(2) 위 문제 (1)의 표를 보고 직선으로 최대한 나누어지는 평면의 개수가 변화하는 규칙을 찾으세요.

케이크를 임의로 자를 때

(3) 1번, 2번, 3번, … 평면에 의해 입체가 최대 몇 개의 영역으로 나누어지는지 구하세요.

평면의 개수	1	2	3	4	5
평면에 의해 입체가 나뉜 개수	2	4	8		

(4) 위 문제 (3)의 표를 보고 평면에 의해 최대한으로 나누어지는 입체의 개수가 변화하는 규칙을 찾으세요.

착시 현상

넓이가 다른 삼각형

아래 그림의 왼쪽 삼각형을 잘라서 오른쪽과 같이 다시 배열하면 넓이가 모눈 한 칸만큼 줄어든 것으로 보입니다. 실제로 해 보세요. 혹시 이유를 찾았나요? 이 문제는 일종의 착시 현상입니다. 자세히 보면 삼각형으로 보이는 두 도형은 삼각형이 아닙니다. 빗변으로 보이는 변이 일직선상에 놓여 있지 않습니다. 왼쪽 도형은 오목한 사각형이고 오른쪽 도형은 볼록한 사각형입니다. 파란색 삼각형과 노란색 삼각형은 서로 닮은 도형이 아니기 때문입니다.

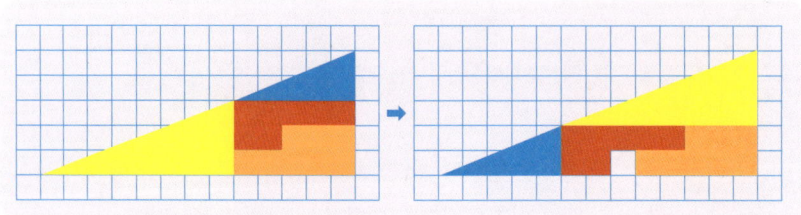

여러 가지 착시 현상

① 두 사각형은 실제로는 위쪽에 있는 밑변의 길이가 같습니다. 그러나 위에 있는 사각형의 위쪽에 있는 밑변이 훨씬 길어 보이지요? 정말 긴지 확인해 보세요.

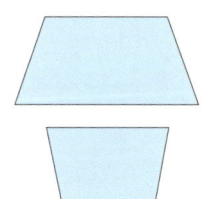

② 오른쪽 그림에서 크기가 같은 삼각형 두 개가 보이나요? 하지만 실제로는 존재하지 않는 삼각형이 보이는 거랍니다.

22.
작도법

01 눈금 없는 자와 컴퍼스

눈금 없는 자와 컴퍼스만으로 도형을 그리는 것을 작도라고 합니다.

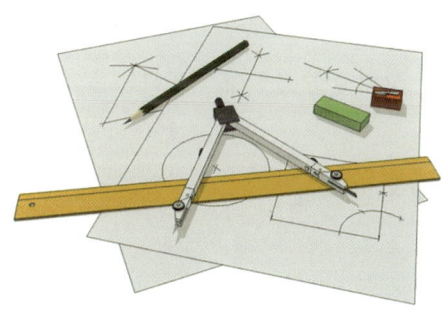

여러 가지 도구를 이용하면 도형을 편하게 그릴 수 있습니다. 그러나 작도법으로 도형을 그리는 것은 매우 중요합니다. 이처럼 제한된 도구로 도형을 그리는 이유는 무엇일까요?

첫째, 작도가 도형의 성질을 연구하는 기초가 되기 때문입니다. 곧 나올 작도법을 따라 그려 보면 이해가 될 것입니다. 둘째, 작도를 할 수 있는지는 방정식의 해와 관련이 있기 때문입니다. 예를 들어 부피가 1인 정육면체가 있을 때, 이 정육면체 부피의 2배가 되는 정육면체는 작도할 수 없습니다. 부피가 1인 정육면체의 모서리 길이는 1입니다. 이 정육면체 부피의 2배가 되는, 즉 부피가 2가 되는 모서리의 길이를 a라고 하면, a는 세 번 곱하여 2가 되어야 합니다. 따라서 다음과 같은 방정식이 생깁니다.

$$a^3=2$$

그러나 위의 방정식을 만족하는 $a=\sqrt[3]{2}$는 작도를 할 수 없는 수입니다. 왜 이 수는 작도를 할 수 없는지 여러분이 이해하기에는 아직 어렵습니다. 방정식의 해를 구하는 방법과 작도는 서로 깊은 관련이 있다는 것만 이해하면 됩니다.

02 간단한 도형의 작도

다음 문제를 보세요. 주어진 각의 이등분선을 작도하는 문제입니다.

☑ 그림에서 ∠XOY의 이등분선을 작도하여라.

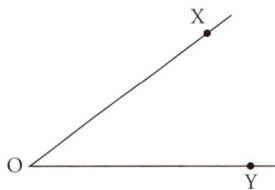

① 먼저 컴퍼스로 점 O를 중심으로 적당한 원을 그립니다. 이때 반직선 $\overrightarrow{OX}$, $\overrightarrow{OY}$와의 교점을 각각 A, B라 합시다.

② 이제 점 A, B를 중심으로 반지름의 길이가 같은 두 원을 그리고, 두 원의 교점을 C라 합시다.

③ 점 O와 점 C를 잇는 $\overrightarrow{OC}$가 구하는 ∠XOY의 이등분선이 됩니다.

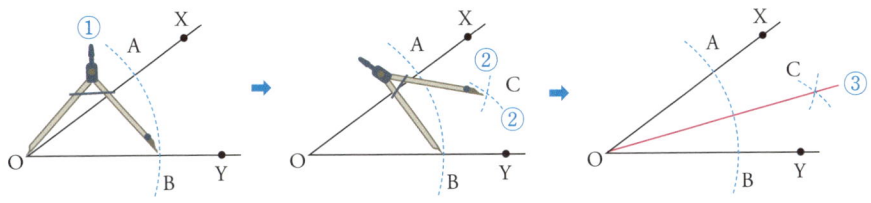

☑ ∠XOY와 크기가 같고 반직선 PQ를 한 변으로 하는 각을 작도하여라.

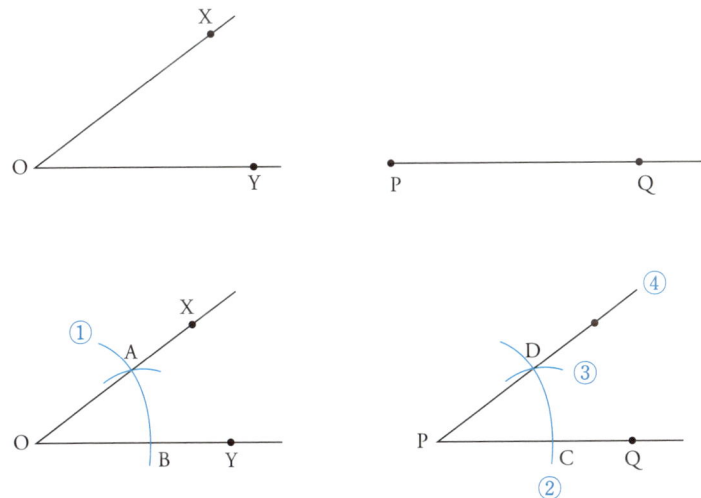

① 먼저 점 O를 중심으로 적당한 원을 그려 $\overrightarrow{OX}$, $\overrightarrow{OY}$와의 교점을 각각 A, B라 합시다.

② 이제 점 P를 중심으로 ①에서 만든 원의 반지름과 같은 반지름이 되도록 원을 그리세요. 이때 원과 $\overrightarrow{PQ}$와의 교점을 C라 합시다.

③ 점 C를 중심으로 $\overline{AB}$를 반지름으로 하는 원을 그려서 ②에서 그린 원과의 교점을 D라 합시다.

④ 점 P와 점 D를 지나는 $\overrightarrow{PD}$를 그으면, ∠XOY와 크기가 같고 $\overrightarrow{PQ}$ 한 변으로 하는 각 ∠DPC를 그릴 수 있습니다.

선분의 수직 이등분선의 작도

직사각형 모양의 종이를 네 꼭짓점이 겹치도록 접은 다음, 아래 그림과 같이 잘라서 펼치면, $\overline{PQ}$는 $\overline{AB}$를 이등분하고, $\overline{AB}$와 직교합니다.

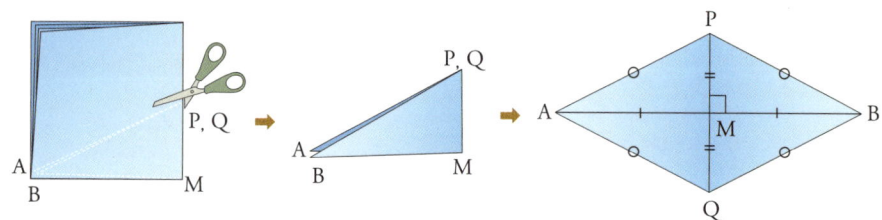

이때,

$$\overline{AM}=\overline{MB},\ \overline{PQ}\perp\overline{AB}$$

와 같이 나타낼 수 있으며, $\overline{PQ}$를 $\overline{AB}$의 수직 이등분선이라고 합니다.

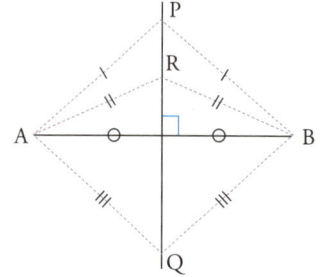

그림처럼 직선 PQ 위에 한 점 R를 잡으면,

$$\overline{RA}=\overline{RB}$$

임을 알 수 있습니다. 즉, 선분의 수직 이등분선 위의 점에서 선분의 양끝점까지의 거리는 같습니다.

☑ 선분 AB의 수직 이등분선을 작도하여라.

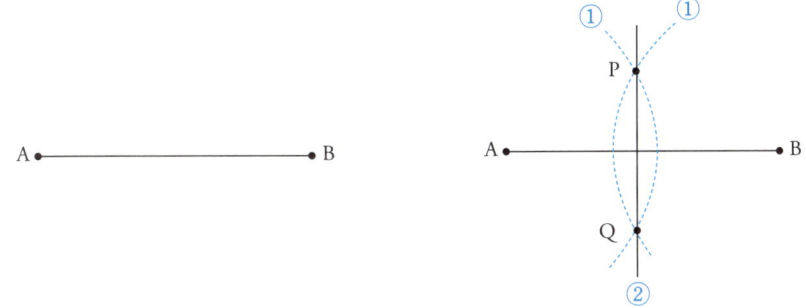

① 점 A와 B를 중심으로 반지름의 길이가 같은 두 원을 그리고, 두 원의 교점을 P, Q라 합시다.
② 점 P와 점 Q를 이은 직선 PQ가 선분 AB의 수직 이등분선이 됩니다.

03 삼각형의 작도

☑ 그림과 같이 주어진 세 선분을 변으로 하는 △ABC를 작도하여라.

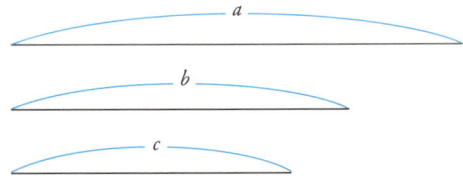

① 한 직선 l을 긋고, 그 위에 길이가 a인 $\overline{BC}$를 그립니다.
② 점 B를 중심으로 c를 반지름으로 하는 원을 그립니다.
③ 점 C를 중심으로 b를 반지름으로 하는 원을 그리고, ②의 원과의 교점을 A라고 합시다.

④ 점 A와 점 B, 점 A와 점 C를 각각 연결하면 △ABC가 됩니다.

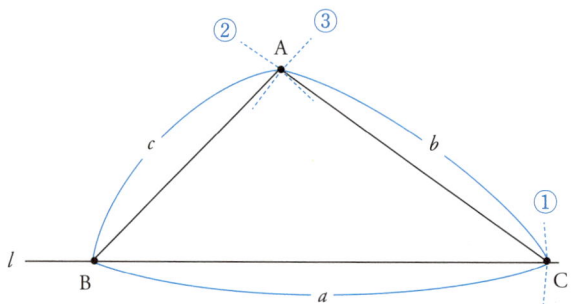

☑ 그림과 같이 두 변 a, c의 길이와 그 끼인각 ∠B가 주어졌을 때, △ABC를 작도하여라.

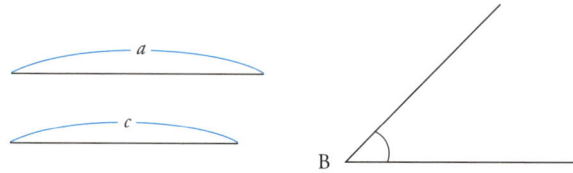

① 먼저 주어진 ∠B와 크기가 같은 ∠PBQ를 작도합니다.

② 점 B를 중심으로 선분 a를 반지름으로 하는 원을 그리고, $\overline{BQ}$와의 교점을 C라 합시다.

③ 점 B를 중심으로 선분 c를 반지름으로 하는 원을 그리고, $\overline{BP}$와의 교점을 A라 합시다.

④ 점 A와 점 C를 이으면 △ABC가 됩니다.

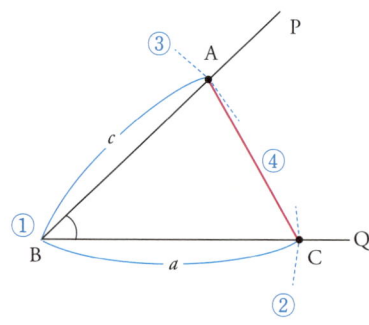

☑ 그림과 같이 주어진 선분을 한 변으로 하고, ∠B와 ∠C를 그 선분의 양끝각으로 하는 △ABC를 작도하여라.

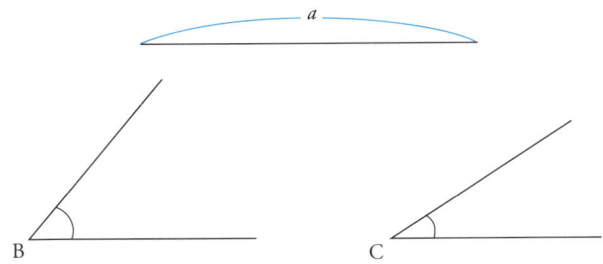

① 한 직선 l 을 긋고, 그 위에 길이가 a인 $\overline{BC}$를 그립니다.
② $\overline{BC}$를 한 변으로 하는 ∠B를 작도하고, 그 각을 ∠PBC라고 합시다.
③ $\overline{BC}$를 한 변으로 하는 ∠C를 작도하고, 그 각을 ∠QCB라고 합시다.
④ $\overline{BP}$와 $\overline{CQ}$의 교점 A와 점 B, 점 C를 연결하면 △ABC가 됩니다.

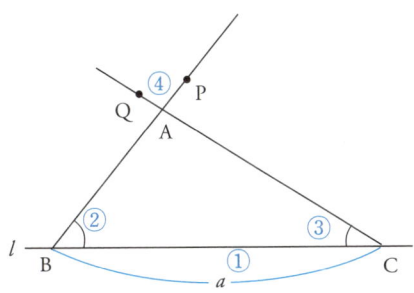

한 걸음 더 깊이

정오각형의 작도

정오각형은 작도할 수 있는 도형입니다. 다음 순서에 따라 직접 작도해 보세요.

1. **(초록색)** 점 O를 중심으로 하는 원 O를 그린다.
2. 원 O 위의 점 A를 골라 직선 OA를 그린다.
3. 점 O를 지나면서 직선 OA와 수직인 직선을 그린다. 이 직선이 원 O와 만나는 두 점 중 한 점을 점 B라고 한다.
4. 선분 OB의 중점을 C라고 한다.
5. **(빨간색)** 점 C를 중심으로 하면서 점 A를 지나가는 원 C를 그린다. 직선 OA와 수직인 선과 원 C가 만나는 두 점 중 초록색 원 O 안에 있는 점을 점 D라고 한다.
6. **(파란색)** 점 A를 중심으로 하면서 점 D를 지나가는 원 A를 그린다. 원 A가 원 O와 만나는 두 점을 각각 점 E와 점 F라고 한다.
7. **(주황색)** 점 E를 중심으로 하면서 점 A를 지나가는 원 E를 그린다. 원 E가 원 O와 만나는 곳을 점 G라고 한다.
8. **(노란색)** 점 F를 중심으로 하면서 점 A를 지나가는 원 F를 그린다. 원 F가 원 O와 만나는 곳을 점 H라고 한다.
9. **(검은색)** 각 점을 연결해 정오각형 AEGHF를 그린다.

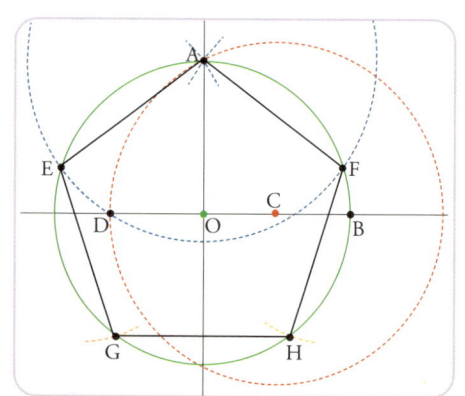

작도가 불가능한 3대 문제!

작도는 눈금 없는 자와 컴퍼스를 사용하여 도형을 그리는 것입니다. 이러한 작도를 통해 그릴 수 없는 대표적인 세 가지 문제가 있습니다. 이 문제는 고대 그리스 시대부터 내려온 것으로, 오랫동안 많은 사람이 도전했지만 성공하지 못했습니다. 19세기에 들어서 세 문제 모두 작도를 할 수 없다는 것이 증명되었습니다. 그 세 가지는 다음과 같습니다.

(1) 각의 3등분선 작도

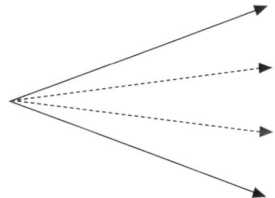

(2) 주어진 정육면체보다 부피가 2배 큰 정육면체의 작도

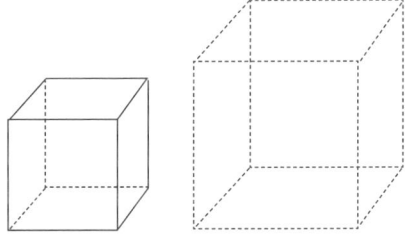

(3) 주어진 원과 같은 넓이를 갖는 정사각형의 작도

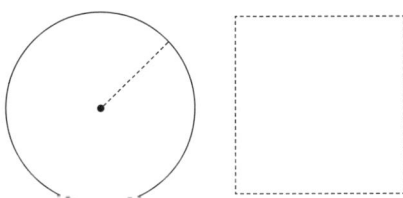

23. 삼각형의 결정 조건과 합동 조건

01 삼각형의 결정 조건

우리는 앞 단원에서 '세 변의 길이', '두 변의 길이와 그 끼인각의 크기', '한 변의 길이와 그 양끝각의 크기'가 주어졌을 때, 삼각형이 하나만 작도되는 것을 알았습니다. 모양과 크기가 하나로 결정되는 삼각형을 작도하는 것이지요. 이렇게 삼각형을 하나만 작도할 수 있는 세 가지 조건을 삼각형의 결정 조건이라고 합니다.

삼각형의 결정 조건

다음 각 경우에 삼각형의 모양과 크기는 단 하나로 결정됩니다.
  ① 세 변의 길이가 주어질 때
  ② 두 변의 길이와 그 끼인각의 크기가 주어질 때
  ③ 한 변의 길이와 그 양끝각의 크기가 주어질 때

그러나 다음과 같은 조건일 때는 삼각형을 하나만 작도할 수 없으므로 결정 조건이 아님을 알 수 있습니다. 삼각형의 결정 조건과 무엇이 다른지 잘 확인하여 보기 바랍니다.

(1) 삼각형의 세 각의 크기가 주어졌을 때는 삼각형의 결정 조건이 될 수 없습니다.

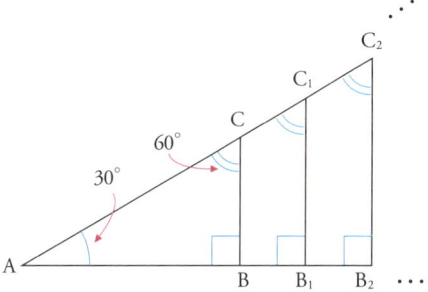

예를 들어 삼각형의 세 내각의 크기가 각각 30°, 60°, 90°로 주어졌을 때는, 그림과 같이 모양은 같지만 크기가 다른 삼각형을 여러 개 작도할 수 있으므로 삼각형의 결정 조건이 될 수 없습니다.

(2) 두 변의 길이와 끼인각이 아닌 각이 주어졌을 때는 삼각형의 결정 조건이 될 수 없습니다.

예를 들어 △ABC에서 $\overline{AB}$=8cm, $\overline{AC}$=6cm, ∠B=30°로 주어졌을 때는, 그림과 같이 모양과 크기가 다른 두 삼각형을 작도할 수 있으므로 삼각형의 결정 조건이 될 수 없습니다.

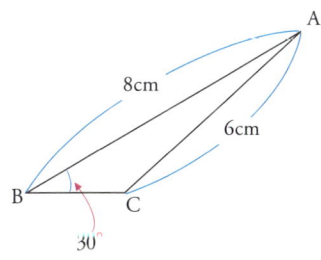 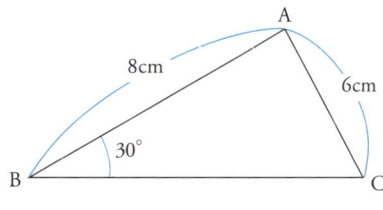

두 변 $\overline{AB}$, $\overline{AC}$의 길이와 함께 끼인각인 ∠A의 크기가 주어져야 삼각형을 하나만 작도할 수 있는 삼각형의 결정 조건이 됩니다.

(3) 한 변의 길이와 위치를 알 수 없는 두 각의 크기가 주어졌을 때는 삼각형의 결정 조건이 될 수 없습니다.

예를 들어 한 변의 길이가 3cm이고 위치를 알 수 없는 두 각의 크기가 45°, 90°로 주어졌을 때는, 그림과 같이 모양은 같지만 크기가 다른 두 삼각형을 작도할 수 있으므로 삼각형의 결정 조건이 될 수 없습니다.

한 변의 길이가 주어졌을 때는, 그 양끝각의 크기를 정확히 알 수 있어야 삼각형을 하나만 작도할 수 있는 삼각형의 결정 조건이 됩니다.

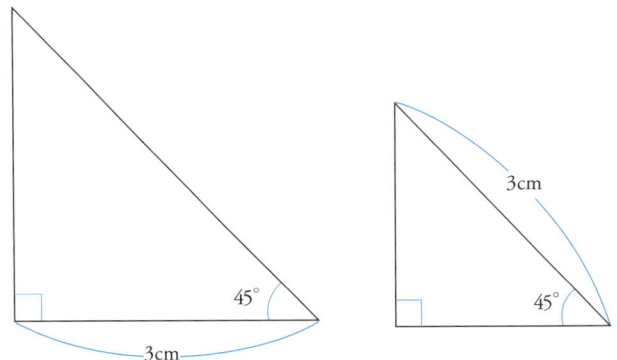

삼각형이 모양과 크기가 하나로 결정이 되는지 알기 위해서는, 세 변의 길이가 주어졌는지, 두 변의 길이와 이 두 변의 끼인각의 크기가 주어졌는지, 한 변의 길이와 이 한 변의 양끝각이 주어졌는지 꼼꼼하게 살펴보아야 합니다.

02 삼각형의 합동

컴퓨터 화면의 그림을 인쇄하면 모양과 크기가 같은 그림을 여러 장 얻을 수 있습니다. 이처럼 모양과 크기가 같아 완전히 포개어질 때, 이를 합동이라고 합니다. 합동인 두 도형에서 서로 포개어지는 꼭짓점, 변, 각 등을 서로 대응한다고 하며, 그 각각을 대응하는 점(대응점), 대응하는 변(대응변), 대응하는 각(대응각)이라고 합니다.

두 도형 P, Q가 서로 합동일 때, 이것을 기호로
$$P \equiv Q$$
와 같이 나타냅니다. 예를 들면, 삼각형 ABC와 삼각형 DEF가 합동일 때
$$\triangle ABC \equiv \triangle DEF$$
와 같이 나타낼 수 있습니다. 일반적으로 합동인 두 도형에는 다음과 같은 성질이 있습니다.

합동인 도형의 성질
① 대응하는 변의 길이는 서로 같다.
② 대응하는 각의 크기는 서로 같다.

삼각형의 합동
삼각형의 결정 조건을 이용하면 두 개의 삼각형이 어떤 경우에 서로 합동이 되는지 알 수 있습니다.

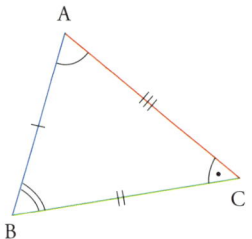
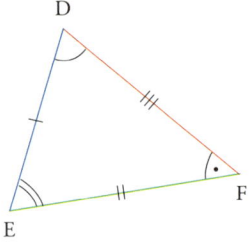

위 그림의 △ABC와 △DEF가 합동이면, 다음이 성립합니다.

$$\overline{AB}=\overline{DE},\ \overline{BC}=\overline{EF},\ \overline{CA}=\overline{FD}$$

$$\angle A=\angle D,\ \angle B=\angle E,\ \angle C=\angle F$$

삼각형의 결정 조건은 삼각형의 모양과 크기를 하나로 결정하므로, 삼각형의 결정 조건으로부터 다음과 같은 삼각형의 합동 조건을 얻을 수 있습니다.

① 대응하는 세 변의 길이가 각각 같을 때(SSS 합동)

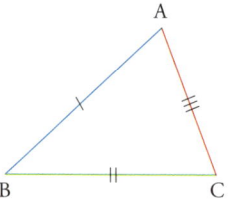
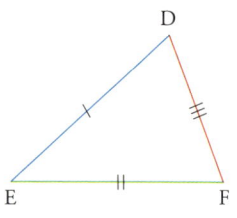

② 대응하는 두 변의 길이가 각각 같고, 그 끼인각의 크기가 같을 때(SAS 합동)

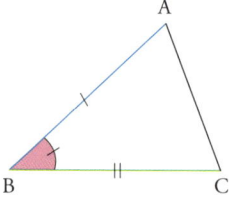
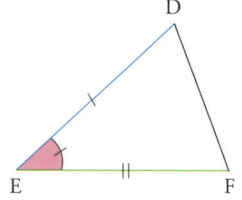

③ 대응하는 한 변의 길이가 같고, 그 양끝각의 크기가 각각 같을 때(ASA 합동)

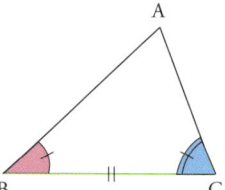
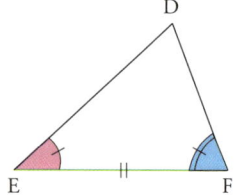

다음 삼각형에서 서로 합동인 도형을 찾으면 다음과 같습니다.

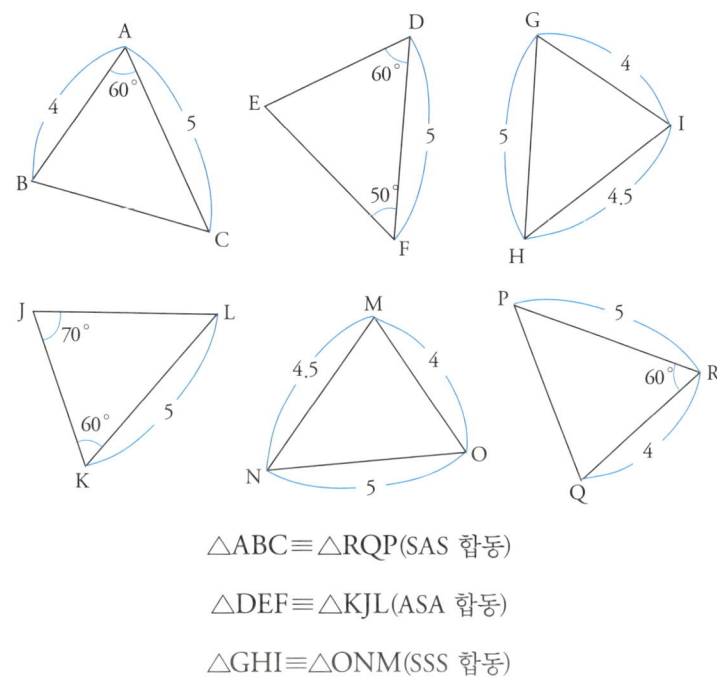

△ABC≡△RQP(SAS 합동)

△DEF≡△KJL(ASA 합동)

△GHI≡△ONM(SSS 합동)

한 걸음 더 깊이

견고한 삼각형

삼각형이 가지고 있는 중요한 특징 중의 하나는 견고함입니다. 삼각형이 아닌 평면도형들에 힘을 주면 형태가 변합니다. 그러나 삼각형은 어느 방향으로 힘을 주어도 그 형태가 잘 변하지 않지요. 누르는 힘이나 잡아당기는 힘이 있어도 모양을 유지합니다. 압축력과 인장력의 상호작용으로 모양이 흐트러지지 않습니다. 그리하여 견고한 힘이 필요한 곳에서는 삼각형을 많이 사용합니다.

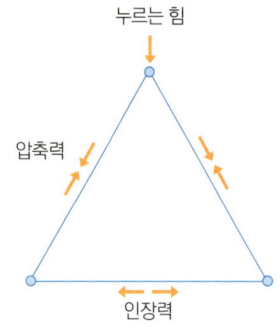
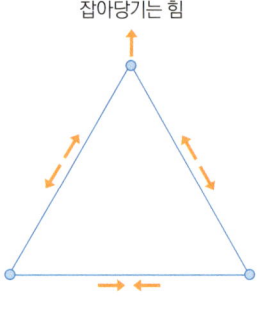

참고
- 인장력 : 물체의 바깥쪽으로 작용하여 물체가 늘어나게 하는 힘.
- 압축력 : 물체의 안쪽으로 작용하여 물체를 압축하게 하는 힘.

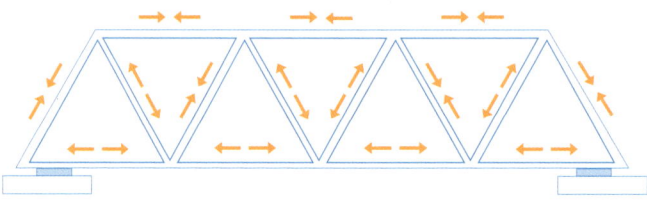

다리에서 볼 수 있는 이러한 구조를 트러스 구조라 합니다. 삼각형 구조가 연속되어 외부의 힘을 잘 견딥니다.

한 걸음 더 깊이

건축물 속에 숨어 있는 수학

건축에서 수학은 빠질 수 없습니다. 건축물에는 설계부터 시공까지 수학적인 요소가 많다는 증거가 남아 있습니다. 불국사의 석등에서는 정삼각형의 무게 중심 원리가 담겨 있습니다. 그리스의 파르테논 신전에는 앞에서 보았던 피보나치 수열과 관련 있는 회오리 모양의 도형이 기본이 됩니다. 이외에도 한옥의 지붕에서는 빗물을 빨리 내려보내기 위한 사이클로이드 곡선이, 그리고 파리의 에펠탑에는 지수함수 그래프가 보입니다.

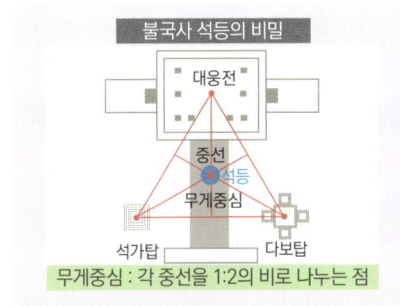

한옥의 지붕 선은 직선이 아닌 사이클로이드 곡선이어서 빗물을 빨리 흘려 보낸다.

참고　사이클로이드 곡선

원의 한 지점에 점을 찍은 다음 원을 한 바퀴 굴렸을 때, 그 점이 그리는 곡선.

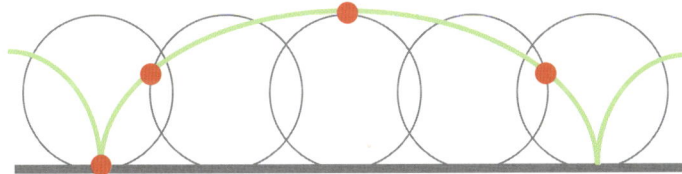

24. 다각형의 성질

육각형의 구조

벌집은 정육각형 모양의 작은 방들로 꽉 차 있습니다. 벌은 왜 정육각형 모양으로 집을 만들까요? 정다각형 가운데 평면을 빈틈없이 메울 수 있는 것은 정삼각형, 정사각형, 정육각형뿐입니다. 만약 정사각형

모양으로 집을 만들면 어떻게 될까요? 정사각형은 외부의 힘에 쉽게 변형됩니다. 다른 모양의 집보다 덜 안전하겠지요. 그렇다면 정삼각형은 어떨까요? 물론 정육각형보다 튼튼하겠지만 경제적이지 않습니다. 정삼각형 모양은 정육각형 모양으로 방을 만들 때보다 재료가 더 들어가기 때문입니다. 이유는 다음과 같습니다.

  정삼각형과 정육각형이 넓이가 같을 때, 정삼각형은 정육각형보다 둘레의 길이가 깁니다. 평면도형의 넓이가 같을 때, 둘레의 길이가 가장 짧은 것은 원입니

다. 원이 가장 경제적인 도형이라 할 수 있지요. 그러나 원은 평면을 빈틈없이 메울 수 없습니다. 결국 벌은 가장 안전하고 경제적인 방법인 정육각형 모양의 방을 택한 셈입니다.

자연계에선 육각형 모양의 평면을 많이 볼 수 있습니다. 눈의 결정, 잠자리의 날개 모양에서도 정육각형을 볼 수 있습니다.

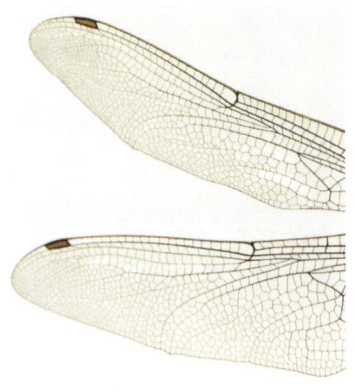

자연계뿐이 아닙니다. 건축물이나 비행기 날개에도 육각형 구조를 활용하는 경우가 많습니다.

미국 뉴욕 맨해튼의 초대형 건축물 '허드슨 야드'

영국의 대규모 환경단지 이든 프로젝트

01 삼각형 세 내각의 크기의 합

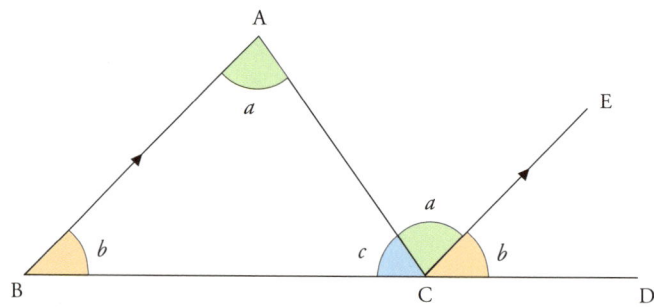

평행선의 성질을 이용하면 삼각형 세 내각의 크기의 합을 구할 수 있습니다.

그림과 같이 △ABC에서 점 C를 지나고 $\overline{AB}$에 평행인 직선 CE를 그어 생기는 각을 비교하면,

엇각으로 ∠BAC=∠ACE=∠a,

동위각으로 ∠ABC=∠ECD=∠b입니다.

또한 ∠BCA=∠c입니다.

그런데 ∠BCD는 평각이므로 그 크기는 180°입니다.

따라서

∠a+∠b+∠c=∠BCD=180°

가 성립하므로 다음과 같이 정리할 수 있습니다.

> **삼각형 내각의 크기의 합**

삼각형 세 내각의 크기의 합은 180°이다.

한 걸음 더 깊이

지구 표면에서는 삼각형 내각의 합이 270°가 될수 있다

평면에서는 삼각형 내각의 크기의 합은 항상 180°입니다. 하지만 평면이 아닌 면에서는 삼각형 내각의 크기의 합이 180°가 아닌 경우도 있습니다. 지구 표면에서는 삼각형 내각의 합이 270°가 될 수 있습니다.

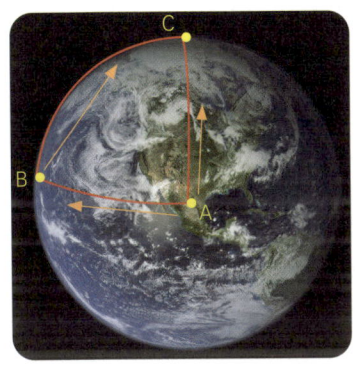 

적도 위의 한 점 A에서 적도를 따라 지구 둘레의 $\frac{1}{4}$만큼 이동합니다. 이 점을 B라 하고 북극점을 C라 합시다. 그러면 적도를 따라 이동한 선분과 북극점을 향해 이동한 선분은 서로 수직이기 때문에 ∠A=90°, ∠B=90°입니다. 또한 A에서 적도를 따라 지구 둘레의 $\frac{1}{4}$만큼 이동한 점이 B이기 때문에 ∠C=90°입니다. 그럼 ∠A+∠B+∠C = 90°+90°+90°=270°임을 알 수 있습니다. 삼각형이지만 내각의 합이 270°가 나왔습니다. 이상한가요? 우리가 알고 있는 삼각형 내각의 합이 180°라는 것은 평면 위에서만 적용되는 것입니다. 위와 같이 곡면 위에서는 적용되지 않습니다.

02 삼각형 외각의 크기의 합

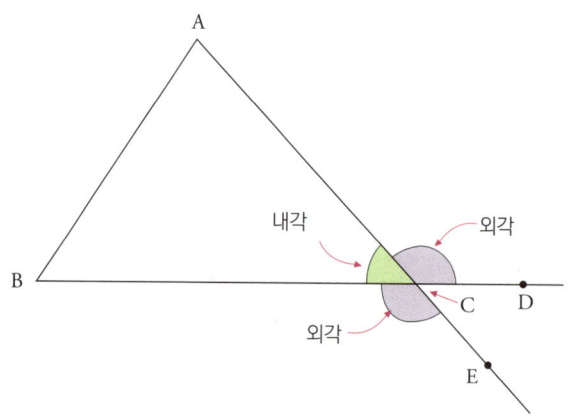

그림과 같이, △ABC에서 변 BC, AC의 연장선 위에 점 D, E를 잡을 때, ∠ACD 또는 ∠BCE를 ∠ACB의 외각이라고 합니다. 여기에서

∠ACB+∠ACD=180°,

∠A+∠B+∠ACB=180°이므로,

∠ACD=∠A+∠B입니다.

따라서 다음과 같이 정리할 수 있습니다.

삼각형의 외각

삼각형의 한 외각의 크기는 그것과 이웃하지 않는 두 내각의 크기의 합과 같다.

다음 문제를 통해 삼각형 외각의 크기의 합을 구할 수 있습니다. 함께 풀어 봅시다.

☑ 그림에서 △ABC의 세 외각의 크기의 합을 구하여라.

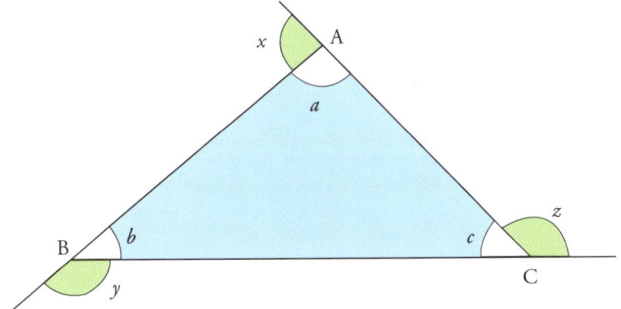

그림과 같이 ∠a, ∠b, ∠c의 외각을 ∠x, ∠y, ∠z라고 하면,
(∠a+∠b+∠c)+(∠x+∠y+∠z)
=(∠a+∠x)+(∠b+∠y)+(∠c+∠z)=3×180°=540°

그런데 ∠a+∠b+∠c=180°이므로,
∠x+∠y+∠z=540°-180°=360°

위에서 다음이 성립함을 알 수 있습니다.

삼각형 외각의 크기의 합

삼각형 세 외각의 크기의 합은 360°이다.

03 다각형 내각의 크기의 합

다각형의 한 꼭짓점에서 그은 대각선에 따라 생기는 삼각형의 개수를 이용하여 다각형 내각의 크기의 합을 구할 수 있습니다. 다음 표와 그림을 보세요.

다각형	사각형	오각형	육각형	칠각형	…	n각형
한 꼭짓점에서 그은 대각선의 개수	1	2	3	4	…	$n-3$
나누어진 삼각형의 개수	2	3	4	5	…	$n-2$
내각의 크기의 합	180°×2	180°×3	180°×4	180°×5	…	180°×($n-2$)

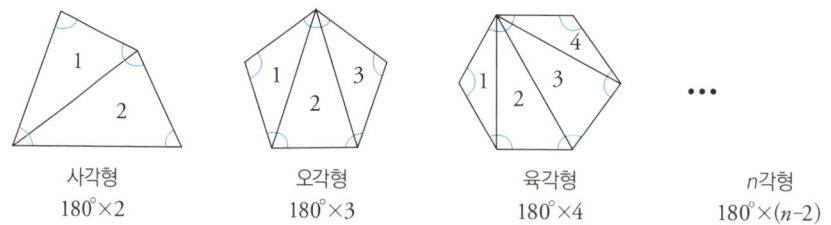

사각형 180°×2   오각형 180°×3   육각형 180°×4 n각형 180°×($n-2$)

따라서 n각형은 한 꼭짓점에서 그을 수 있는 대각선에 따라서 $(n-2)$개의 삼각형으로 나누어짐을 알 수 있습니다. 그러므로 다각형 내각의 크기의 합은 다음과 같습니다.

다각형 내각의 크기의 합

n각형 내각의 크기의 합은 180°×($n-2$)이다.

정다각형은 모든 내각의 크기가 같으므로 정n각형의 한 내각의 크기는 $\dfrac{180° \times (n-2)}{n}$입니다.

04 다각형 외각의 크기의 합

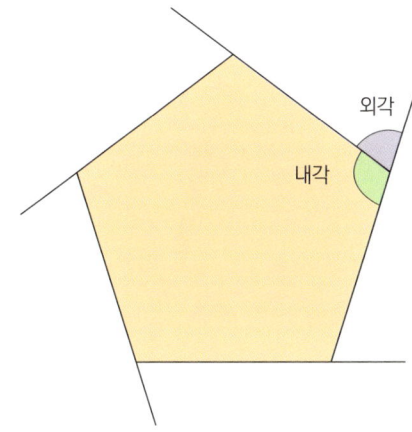

다각형의 한 꼭짓점에서의 외각과 내각 크기의 합은 180°입니다. 따라서 n각형의 n개의 꼭짓점에서의 외각과 내각의 크기의 합은 $180°\times n$입니다.

(외각의 크기의 합)+(내각의 크기의 합)=$180°\times n$

(외각의 크기의 합)=$180°\times n$-(내각의 크기의 합)

=$180°\times n-180°\times(n-2)$

=$180°\times 2$

=$360°$

이상으로부터 다음을 알 수 있습니다.

다각형 외각의 크기의 합

다각형 외각의 크기의 합은 변의 개수와 관계없이 항상 360°이다.

연필과 사각형 그림만으로도 항상 360°임을 쉽게 확인할 수 있습니다. 사각형의 한 변 위에 연필을 놓고 변을 따라 연필을 돌려 보세요. 연필이 원을 그리며 360°만큼 돌아가는 것을 알 수 있습니다.

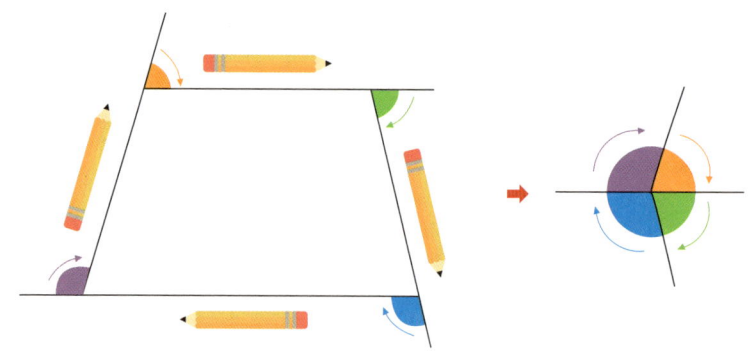

05 다각형의 대각선 개수

다각형에서 이웃하지 않은 두 꼭짓점을 이은 선분을 무엇이라 부를까요? 맞습니다. 바로 대각선이지요. 다각형에서 꼭짓점의 개수와 한 꼭짓점에서 그을 수 있는 대각선의 개수는 다음과 같이 정리할 수 있습니다.

다각형	사각형	오각형	육각형	.....	n각형
꼭짓점의 개수	4	5	6	.....	n
한 꼭짓점에서 그은 대각선의 개수	1	2	3	.....	$n-3$

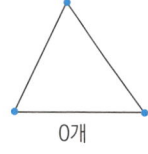
0개

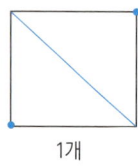
1개

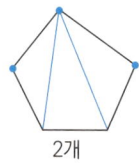
2개

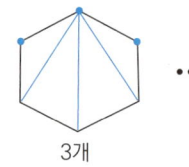
3개

일반적으로 n각형의 한 꼭짓점에서 그을 수 있는 대각선의 개수는 $(n-3)$개입니다. 그러므로 각 꼭짓점에서 그을 수 있는 모든 대각선의 개수는 $n(n-3)$개니다. 그런데 한 대각선은 두 꼭짓점에 걸쳐 있으므로 이 개수는 한 대각선을 두 번씩 계산한 셈입니다. 따라서 n각형의 대각선의 총수는 다음과 같습니다.

n각형의 대각선 총수

n각형의 대각선 총수는 $\dfrac{n(n-3)}{2}$개이다.

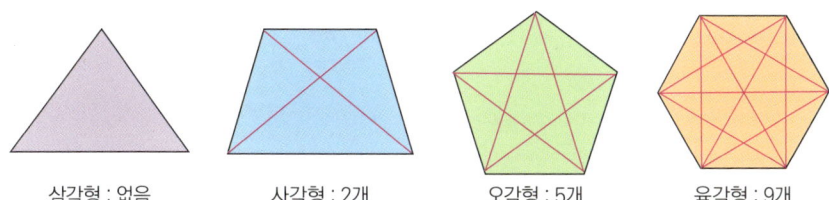

삼각형 : 없음   사각형 : 2개   오각형 : 5개   육각형 : 9개

25.
원과 부채꼴

  우리 주변을 둘러보면 모난 것보다는 동그란 것들이 더 많습니다. 축구공이나 야구공도 동그랗고, 강가의 자갈돌도 시간이 흐름에 따라 모난 곳이 없어지면서 둥글게 변합니다.

  자동차 바퀴나 자전거 바퀴는 어떤가요? 마찬가지로 둥근 모양입니다. 바퀴의 발견은 문명의 위대한 순간이었습니다. 무거운 것을 이고 지고 끌고 가는 환경에서 바퀴를 이용해 편하게 물건을 옮길 수 있게 되었습니다.

  우주로 넘어가면 어떤가요? 달은 지구를, 지구는 해 주위를 둥글게 돌고 있습니다. 비록 완벽한 원의 형태는 아니지만요. 또한 모든 물질의 원자 속에서는 전자가 핵 주위를 돌고 있습니다.

01 원

원주와 원주율

초등학교에서 '원의 지름에 대한 원주의 비율은 항상 같으며, 이 비율을 원주율이라 한다'고 배웠습니다.

원주율은 3.141592…라고 알려져 있는 소수인데, 보통 문자 π로 나타내고, '파이'라고 읽습니다.

따라서 반지름의 길이가 r인 원의 원주 l은 다음과 같이 나타낼 수 있습니다.

$$l = 2\pi r$$

과거에는 다음과 같은 방법으로 원주율의 값을 구했습니다. 아래 그림을 보면 원 둘레의 길이는 원의 안쪽에 접하는 정다각형 둘레의 길이보다 길고, 원의 바깥쪽에 접하는 정다각형 둘레의 길이보다는 짧습니다. 이를 이용하면 원주율의 근삿값을 구할 수 있습니다.

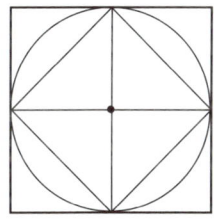 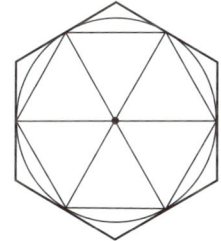 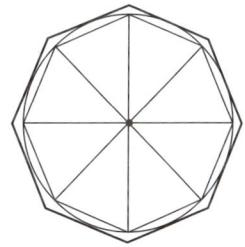

도전하기 21 위의 그림 중에서 가운데 그림을 이용해 원 둘레의 길이가 지름의 길이의 3배보다 큰 이유를 설명하세요.

원의 넓이

원의 넓이를 구하는 아주 오래된 방법 중 하나는 원 모양으로 돌을 놓아서 돌의 수를 세거나 밧줄을 원 모양으로 만들어 길이를 재는 것이었습니다. 다음으로는 원에 내접(다각형의 모든 꼭짓점이 원 위에 있는 것)하는 정사각형을 그려서 그 넓이를 계산한 다음, 정사각형 바깥에 있는 활꼴에 이등변삼각형을 그려 정팔각형을 만들고 그 넓이를 계산하는 것이지요.

이런 방법을 이용해 옛날 사람들은 정십육각형, 정삼십이각형…을 만들어 원의 넓이를 구했습니다. 정다각형의 넓이가 점점 원의 넓이에 가까워지는 성질을 이용한 것입니다.

가장 효율적인 방법으로 알려진 것은 다음과 같습니다. 원을 삼각형으로 쪼개어 직사각형 모양으로 배열한 다음, 그 넓이를 구하는 것입니다.

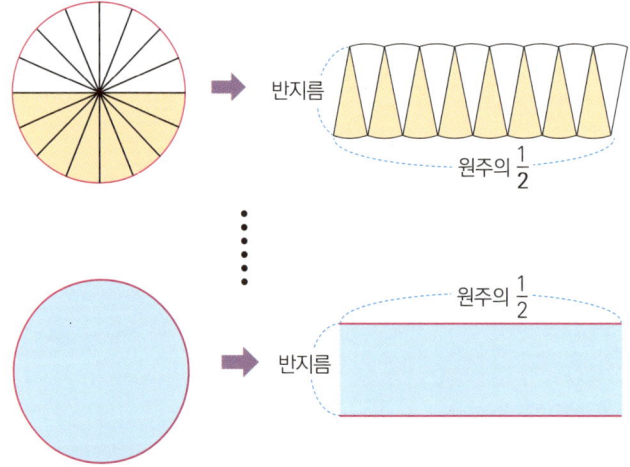

(원의 넓이)$=\dfrac{1}{2}\times$(원의 둘레)$\times$(원의 반지름)$=\dfrac{1}{2}\times 2\pi r\times r=\pi r^2$

한 걸음 더 깊이

아름답고 기이한 수 : 원주율(π)

친구들에게 "원주율이란 뭘까?"라고 질문해 보세요. 아마 3.14 또는 파이(π)라고 대답할 것입니다. 원주율은 원주(원의 둘레)의 길이를 원의 지름으로 나눈 값입니다. 소수점 이하가 무한인 수로 끝까지 표현하는 것은 불가능하지요. 그래서 기호 π로 나타내기로 약속했습니다. 즉 π는 원주율의 값을 나타내는 기호이자 수인 셈입니다.

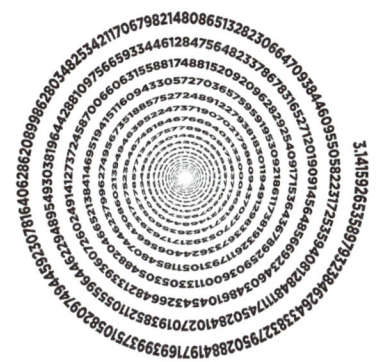

원주율 파이는 소수점 이하가 끝없이 나아가는 소수입니다. 끝나지 않습니다. 일정하게 반복하지도 않습니다. 순환하지 않는 무한소수입니다. 우리나라 영화 〈이상한 나라의 수학자〉에는 '파이(π) 송'이 등장합니다. 음악과 관련이 있습니다. 놀랍지 않나요? 고등학교에서는 확률에도 등장합니다.

또한 수학자들이 세상에서 가장 아름다운 공식이라고 하는 '오일러의 공식'에도 등장합니다. 원주율(π)은 아름다움, 기이함 그리고 불가사의함으로 수학을 공부하는 학생과 수학자에게 사랑을 받는 수입니다.

02 부채꼴

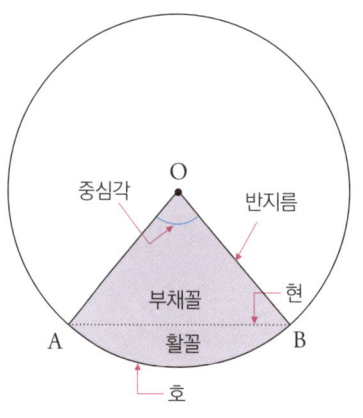

원 O에서 반지름 OA, OB와 호 AB로 이루어진 도형을 부채꼴이라고 하고, 호 AB와 현 AB로 이루어진 도형을 활꼴이라고 합니다. 이때, ∠AOB를 호 AB에 대한 중심각이라고 하고, 호 AB와 현 AB를 각각 중심각 ∠AOB에 대한 호와 현이라고 합니다.

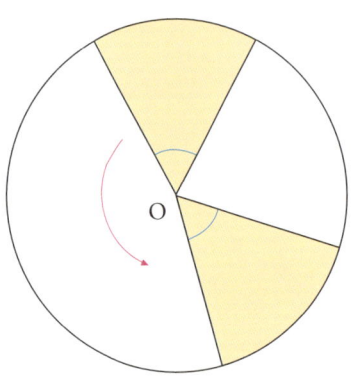

한 원 O에서 중심각의 크기가 같은 두 부채꼴은 회전하여 완전히 포갤 수 있습니다. 즉, 한 원에서 중심각의 크기가 같은 두 부채꼴의 넓이, 호의 길이, 현의 길이는 각각 같습니다. 또 호의 길이가 같으면 그에 대한 중심각의 크기도 같습니다.

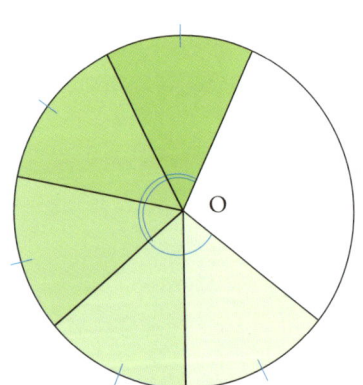

일반적으로 한 원에서 중심각의 크기가 2배, 3배, 4배가 되면, 호의 길이와 부채꼴의 넓이도 각각 2배, 3배, 4배가 됩니다.

따라서 다음과 같이 정리할 수 있습니다.

중심각과 호

① 한 원에서 부채꼴의 호의 길이와 중심각의 크기는 서로 정비례한다.
② 한 원에서 부채꼴의 넓이와 중심각의 크기는 서로 정비례한다.

부채꼴의 넓이

그림과 같이 반지름의 길이가 r, 중심각의 크기가 $x°$인 부채꼴의 넓이를 S라고 할 때, 부채꼴의 넓이는 중심각의 크기에 정비례하므로

$$x° : 360° = S : \pi r^2 \text{(원의 넓이)}$$

$$\therefore S = \pi r^2 \times \frac{x}{360}$$

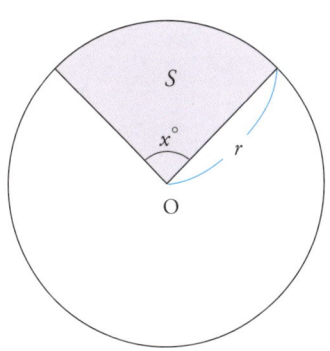

부채꼴의 호의 길이

그림과 같이 반지름의 길이가 r, 중심각의 크기가 $x°$인 호의 길이를 l이라고 할 때, 호의 길이는 중심각의 크기에 정비례하므로

$$x° : 360° = l : 2\pi r$$

$$\therefore l = 2\pi r \times \frac{x}{360}$$

지금까지 부채꼴의 넓이와 호의 길이에 대해 알아보았습니다. 앞선 두 식은 반지름의 길이와 관계가 있지요. 따라서 식을 정리하면 다음과 같은 관계가 있음을 알 수 있습니다.

25. 원과 부채꼴

반지름의 길이가 r, 호의 길이가 l인 부채꼴의 넓이를 S라고 할 때, 부채꼴의 중심각의 크기를 $x°$라고 하면
$S=\pi r^2 \times \dfrac{x}{360}$, $l=2\pi r \times \dfrac{x}{360}$입니다.
따라서
$S=\pi r^2 \times \dfrac{x}{360}=\dfrac{1}{2}r \times 2\pi r \times \dfrac{x}{360}=\dfrac{1}{2}rl$

위의 결과를 정리하면 다음과 같습니다.
$$S=\dfrac{1}{2}rl$$

호의 길이와 부채꼴의 넓이

반지름의 길이가 r, 호의 길이가 l인 부채꼴의 넓이 S
$$S=\dfrac{1}{2}rl$$

한 걸음 더 깊이

부채꼴과 삼각형의 넓이 비교

부채꼴과 삼각형의 넓이를 구하는 식을 비교해 보세요. 두 식 모두 같음을 알 수 있습니다.

부채꼴의 넓이 $=\dfrac{1}{2}rl$ 삼각형의 넓이 $=\dfrac{1}{2}rl$

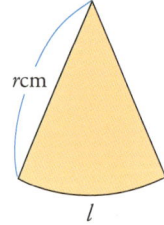
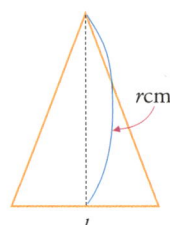
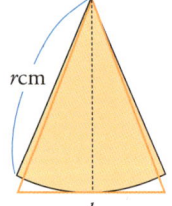

위의 삼각형의 넓이와 부채꼴의 넓이가 같음을 보면 원을 분해하여 삼각형으로 만들어 넓이를 구하는 것과 관련이 있음을 알 수 있습니다. 두 도형의 넓이는 모두 πr^2이었습니다.

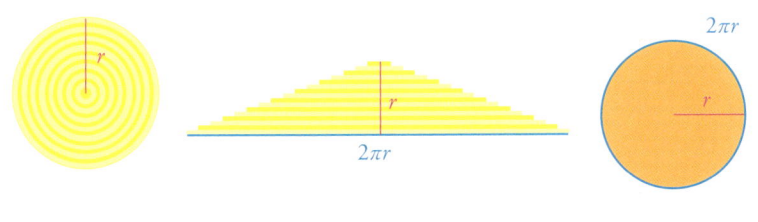

03 위치 관계

원과 직선의 위치 관계

원 O가 직선 l과 두 점에서 만날 때, 직선 l을 원 O의 할선이라고 하며, 특히 원의 중심을 지나는 할선을 중심선이라고 합니다. 또, 직선 m이 원 O와 한 점에서 만날 때, 직선 m은 원 O에 접한다고 하지요. 이때, 직선 m을 원 O의 접선이라 하고, 그 교점을 접점이라고 합니다.

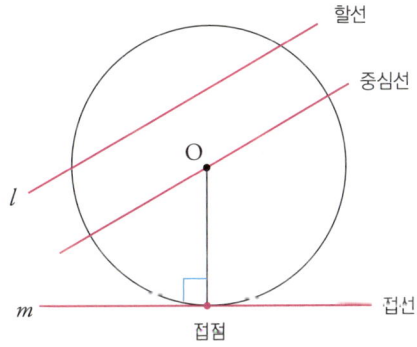

한 평면 위에서 원과 직선의 위치 관계는 다음과 같이 나타낼 수 있습니다.

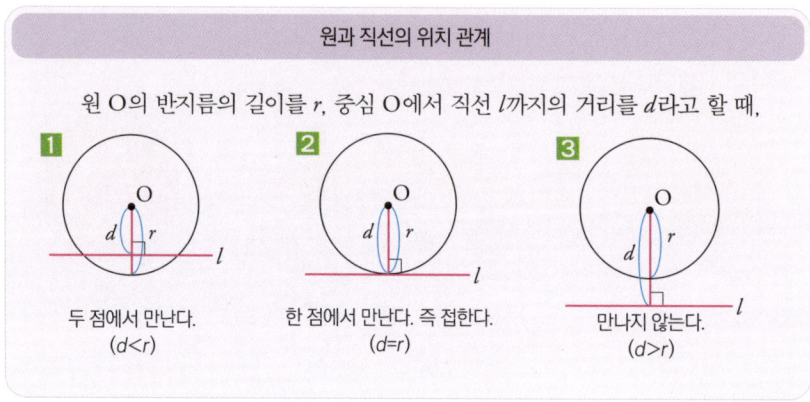

두 원의 위치 관계

두 원이 평면 위에 놓여 있을 때 두 원의 중심을 연결한 직선을 중심선이라고 하고, 중심 사이의 거리를 중심거리라고 합니다.

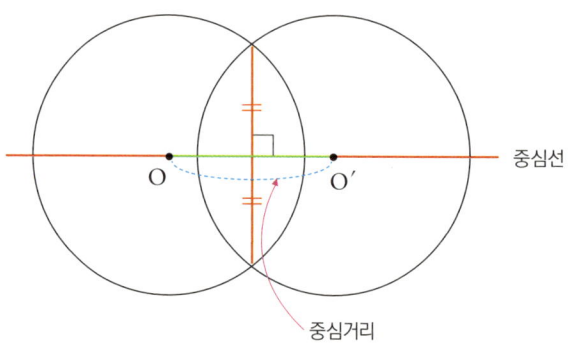

한 평면에서의 두 원의 위치 관계는 다음의 세 가지가 있습니다.

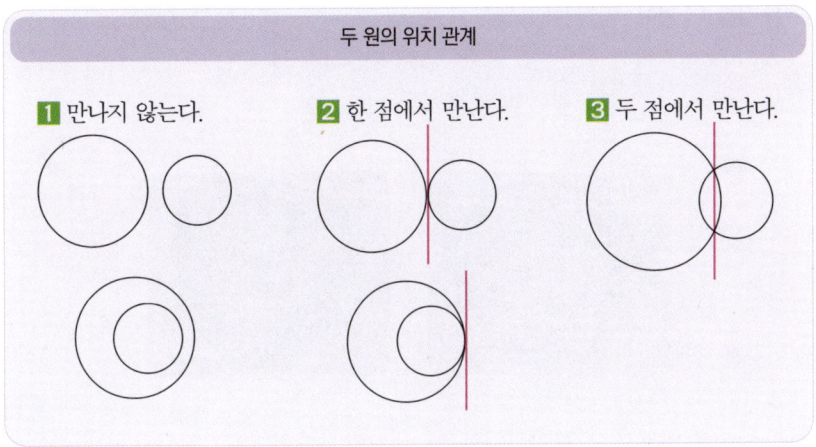

공통접선

아래 그림과 같이 두 원에 공통되는 접선을 공통접선이라고 합니다. 이 공통접선은 두 원의 위치 관계에 따라 아래와 같이 다양하게 나타납니다.

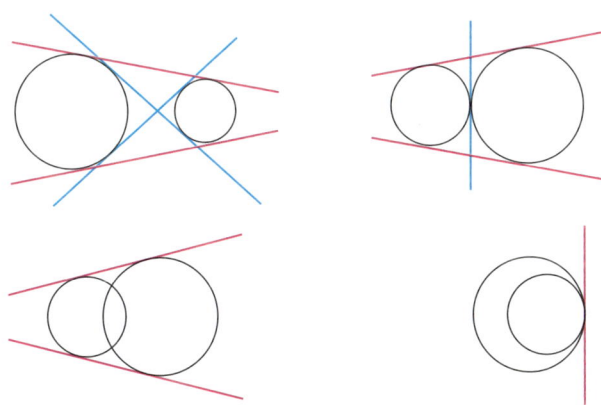

한 걸음 더 깊이

맨홀 뚜껑과 정폭도형

맨홀 뚜껑은 대부분 원 모양입니다. 왜 원 모양일까요? 이는 뚜껑이 구멍 속으로 빠지지 않게 하기 위해서입니다. 맨홀 뚜껑이 삼각형이나 사각형 모양이면 맨홀 속으로 빠질 수 있기 때문입니다.

원에서는 지름이 바로 폭입니다. 원은 어느 방향으로 폭을 재어도 그 폭이 일정하기 때문에 빠지지 않습니다.

도형 중에 원은 아니지만, 도형의 중심을 지나는 선을 도형 내부에 어떻게 그어도 그 길이가 일정한 도형이 있습니다. 이러한 도형을 '정폭도형'이라 부릅니다.

다음 그림은 정폭도형 중의 하나인 '뢸로 삼각형'을 작도하는 방법입니다. 정삼각형의 세 꼭짓점을 중심으로 하고 한 변의 길이를 반지름으로 하여 만든 세 원의 호를 이용해 그릴 수 있습니다.

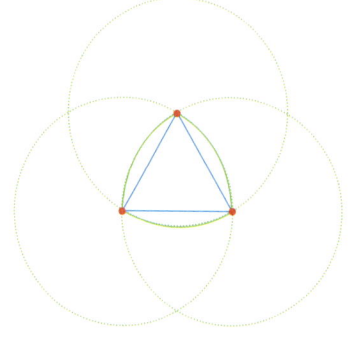 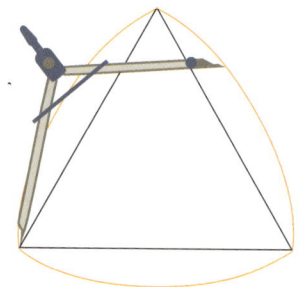

정폭도형 모양으로 맨홀 뚜껑을 만들어도 역시 구멍에 빠지지 않습니다. 또한 정폭도형으로 만든 드릴은 원 모양이 아닌 사각형 모양의 구멍도 뚫을 수 있습니다. 사각형의 모양의 구멍을 뚫을 수 있는 이유는 아래 그림처럼 정폭도형이 회전하기 때문입니다.

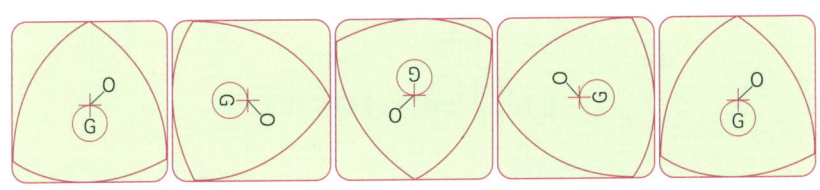

다면체 이야기

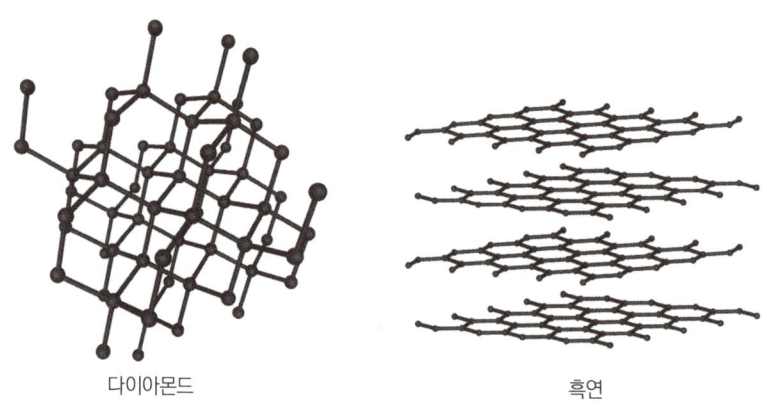

다이아몬드   흑연

다이아몬드와 흑연으로 만든 연필심은 모두 탄소 원자로 이루어져 있습니다. 그러나 배열이 달라서 각각 성질이 다릅니다. 다이아몬드는 세상에서 가장 단단한 물질로 알려져 있습니다. 연필심은 상대적으로 잘 부러지지요. 이처럼 입체도형은 배열에 따라 구조가 아주 유용하고 안정될 수 있습니다.

01 다면체

삼각형, 사각형, 오각형처럼 다각형의 면으로 둘러싸인 입체도형을 다면체라고 합니다. 이때, 다면체를 둘러싸고 있는 다각형을 다면체의 면이라고 하고, 다각형의 변을 다면체의 모서리, 모서리끼리 만난 한 점을 다면체의 꼭짓점이라고 합니다. 즉, 다면체는 면, 모서리, 꼭짓점으로 이루어져 있습니다. 다면체는 둘러싸인 면의 개수에 따라서 면이 4개이면 사면체, 5개이면 오면체, 6개이면 육면체라고 부릅니다.

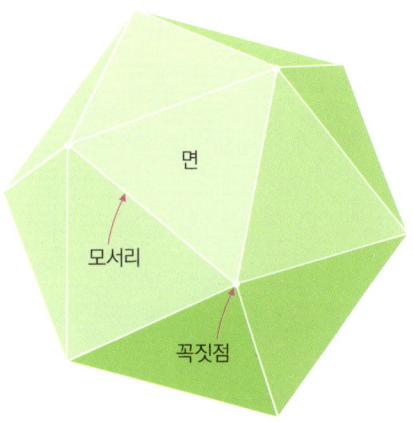

앞선 도형과 달리 위쪽이 뾰족한 도형을 각뿔이라 합니다. 각뿔을 밑면에 평행한 평면으로 잘랐을 때 생기는 두 다면체 중, 각뿔이 아닌 부분을 각뿔대라고 합니다.

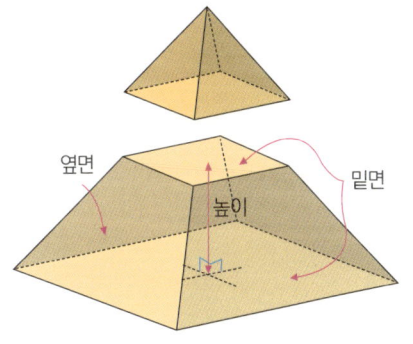

각뿔대는 밑면의 모양에 따라 삼각뿔대, 사각뿔대, 오각뿔대라고 부르며 밑면과 잘린 면을 각뿔대의 밑면, 밑면이 아닌 면을 옆면이라고 합니다.

각뿔대는 다음과 같은 성질이 있습니다.

> **각뿔대의 성질**

① 두 밑면이 서로 평행한다.

② 옆면은 모두 사다리꼴이다.

③ 두 밑면의 모양은 같다.

④ 밑면에 속하지 않는 모서리를 연장하면 한 점에서 만난다.

02 정다면체

다면체 중에서 각 면이 모두 합동인 정다각형이고 각 꼭짓점에 모이는 면의 수가 같은 볼록한 다면체를 정다면체라고 합니다.

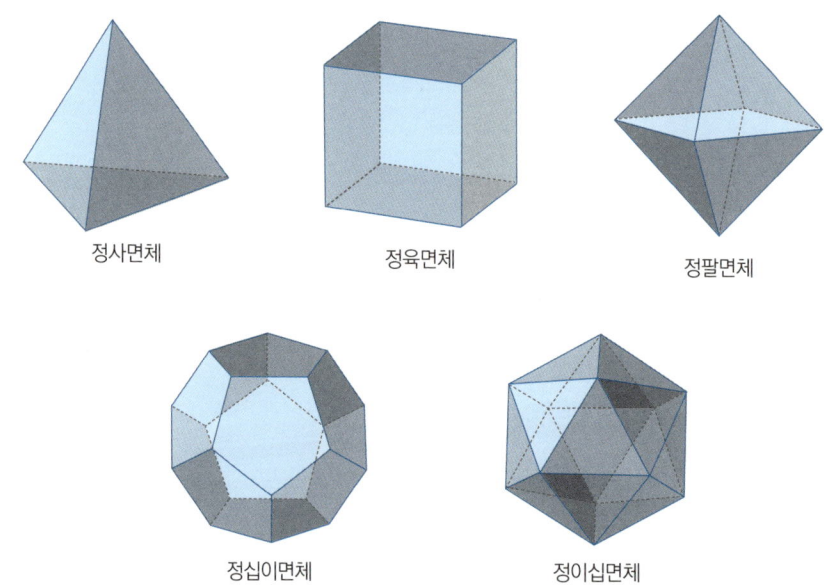

이러한 조건을 만족하는 정다면체는 정사면체, 정육면체, 정팔면체, 정십이면체, 정이십면체 다섯 가지입니다.

도형은 정말 많은데 정다면체는 왜 다섯 개밖에 없을까요? 다음 표를 완성하며 살펴봅시다.

도전하기 22 다음 표를 완성하세요.

	정사면체	정육면체	정팔면체	정십이면체	정이십면체
각 면의 모양					
한 꼭짓점에 모인 면의 수					
한 꼭짓점에 모인 모서리의 수					

정다면체를 면의 모양에 따라 분류할 때, 한 꼭짓점에 정삼각형이 3개 모이면 정사면체, 4개 모이면 정팔면체, 5개 모이면 정이십면체가 됩니다.

또한 한 꼭짓점에 정사각형이 3개 모이면 정육면체, 한 꼭짓점에 정오각형이 3개 모이면 정십이면체가 되지요.

하나씩 자세히 살펴봅시다.

면의 모양	정삼각형			정사각형	정오각형
한 꼭짓점에 모일 수 있는 면의 개수	3개	4개	5개	3개	3개
정다면체	정사면체	정팔면체	정이십면체	정육면체	정십이면체

정다면체가 다섯 개인 이유

1. 한 꼭짓점에 정삼각형이 모인 경우

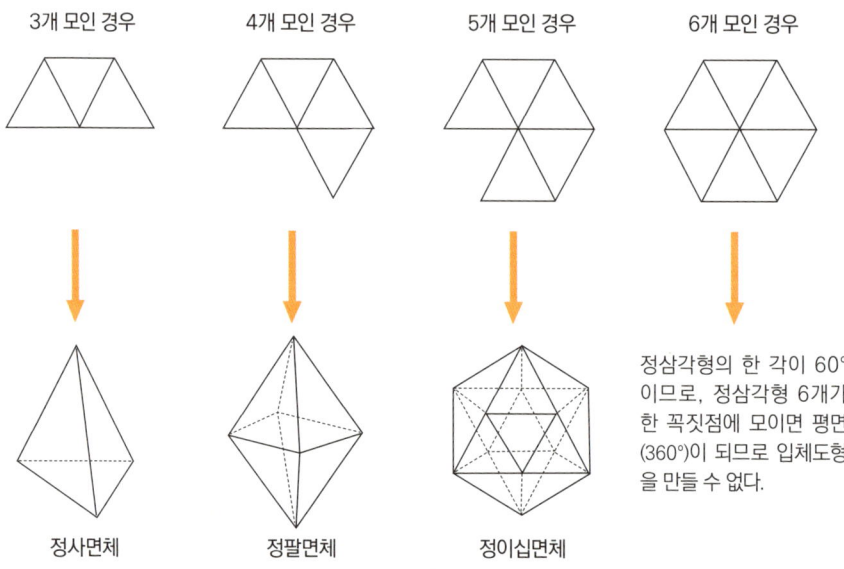

정삼각형의 한 각이 60°이므로, 정삼각형 6개가 한 꼭짓점에 모이면 평면(360°)이 되므로 입체도형을 만들 수 없다.

따라서 면이 정삼각형인 정다면체는 정사면체, 정팔면체, 정이십면체 세 개뿐입니다.

2. 한 꼭짓점에 정사각형이 모인 경우

3개 모인 경우

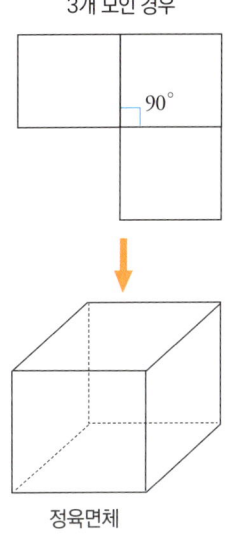

정육면체

4개 모인 경우

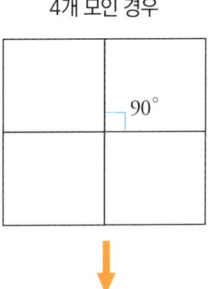

정사각형의 한 내각이 90°이므로 정사각형 4개가 한 꼭짓점에 모이면 평면(360°)이 되므로 입체도형을 만들 수 없다.

따라서 면이 정사각형인 정다면체는 정육면체 하나뿐이지요.

3. 한 꼭짓점에 정오각형이 모인 경우

3개 모인 경우

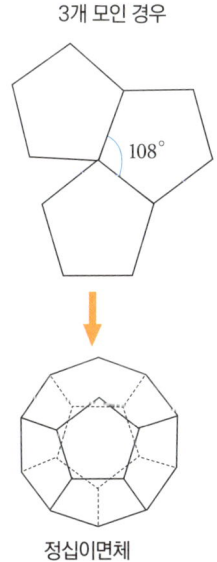

정십이면체

4개 모인 경우

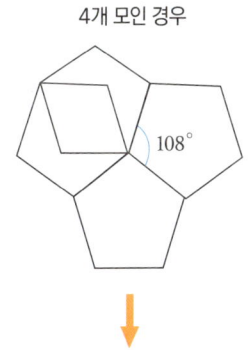

정오각형의 한 각이 108°이므로 정오각형 4개가 한 꼭짓점에 모이면 360°가 넘으므로 입체도형을 만들 수 없다.

따라서 면이 정오각형인 정다면체는 정십이면체 하나뿐입니다.

4. 한 꼭짓점에 정육각형이 모인 경우

한 꼭짓점에 정육각형이 3개 모인 경우, 한 내각의 크기가 120°이므로 내각의 합이 360°가 됩니다. 따라서 입체도형이 될 수 없습니다.

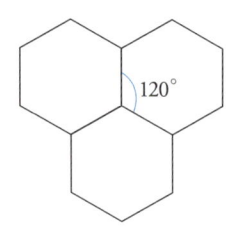

마찬가지로 정칠각형부터는 한 내각의 크기가 점점 커지므로 한 꼭짓점에 3개를 모을 수 없습니다.

한 걸음 더 깊이

쌍대 다면체

하나의 다면체에 대하여 각 면의 중심을 꼭짓점으로 이어 만든 새로운 다면체를 쌍대 다면체라고 합니다. 어떤 다면체의 면의 개수는 새로운 다면체 꼭짓점의 개수와 같고, 어떤 다면체의 꼭짓점 개수도 새로운 다면체의 면의 개수와 같기 때문입니다. 아래의 그림에서 정사면체는 그 자체와, 정육면체는 정팔면체와, 그리고 정십이면체는 정이십면체와 서로 쌍대 다면체임을 알 수 있습니다.

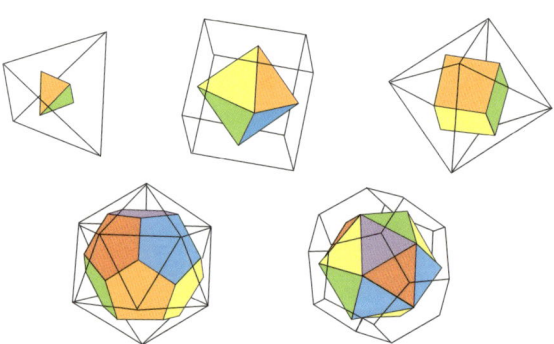

정다면체의 순환

정다면체는 그 안에 새로운 정다면체를 만들어 순환시킬 수 있습니다. 마치 알을 품듯이 정다면체 안에 계속해서 새로운 정다면체가 생긴답니다.

1. 정사면체 모서리의 중점을 잇는 선으로 자르면 정팔면체가 생긴다.
2. 정팔면체 모서리를 황금분할 점을 잇는 선으로 자르면 정이십면체가 생긴다.
3. 정이십면체의 면의 중심을 잇는 선으로 자르면 정십이면체가 생긴다.
4. 정십이면체의 적당한 꼭짓점 8개를 잇는 선으로 자르면 정육면체가 생긴다.
5. 정육면체의 적당한 꼭짓점 4개를 잇는 선으로 자르면 정사면체가 생긴다.

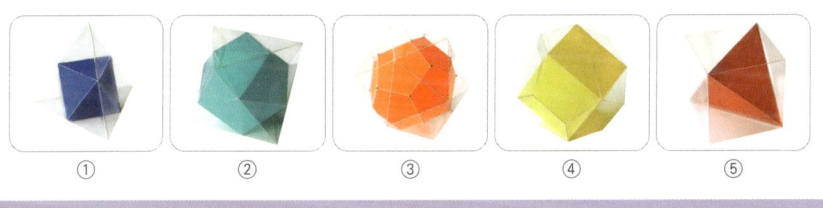

① ② ③ ④ ⑤

플라톤 입체(정다면체)

조화롭고 아름다운 정다면체에 매료된 철학자 '플라톤'은 정다면체에 의미를 붙여 주었습니다. 플라톤은 정다면체에 네 가지 원소 물, 불, 흙, 공기 그리고 우주를 대응했습니다. 불은 정사면체, 흙은 정육면체, 공기는 정팔면체, 물은 정이십면체, 우주는 정십이면체에 대응했습니다. 예를 들어 불은 열기가 매우 날카롭고 찌를 듯해 정사면체에 대응했다고 하지요.

비록 근거는 부족했지만, 플라톤의 독특한 생각은 천문학자 '케플러'가 큰 업적을 세울 수 있는 발판이 되었다고 합니다. 케플러는 플라톤 입체를 행성의 연구에 도입하여 행성의 궤도가 원이 아닌 타원임을 밝힐 수 있었다는 이야기도 있습니다.

27.
회전체

자동차는 어떻게 움직이는지 생각해 본 적 있나요? 간단하게 표현하면 엔진의 힘을 바퀴에 전달하는 것이라 할 수 있습니다. 엔진 속의 직선운동을 회전운동으로 바꾸어 바퀴에 전달하면 자동차가 움직이지요. 다음 그림은 엔진 속에서 일어나는 직선운동이 바퀴의 회전운동으로 바뀌는 원리를 아주 간단하게 표현한 그림입니다.

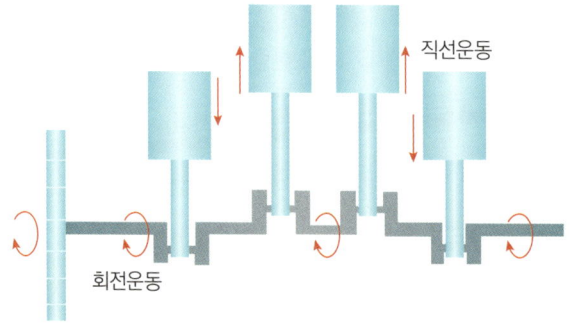

01 회전체

공간상에서 한 직선 *l*을 축으로 하여 평면도형을 회전시킬 때 생긴 입체도형을 회전체라 하고, 직선 *l*을 회전축이라고 합니다.

아래 그림과 같이 직사각형, 직각삼각형, 반원을 직선 *l*을 축으로 하여 한 바퀴 회전하면 서로 다른 모양의 회전체인 원기둥, 원뿔, 구가 생깁니다. 이때 회전체의 옆면을 만드는 선분을 그 회전체의 모선이라고 부릅니다.

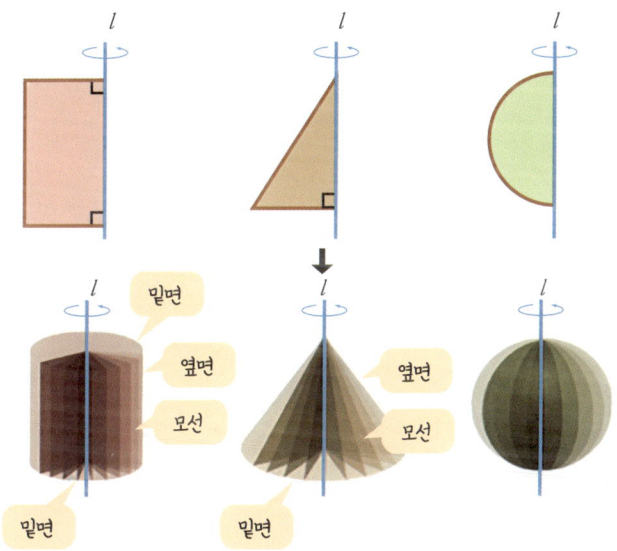

원뿔대

원뿔을 밑면과 평행인 평면으로 잘랐을 때 생기는 두 입체도형 중, 원뿔이 아닌 쪽의 입체도형을 원뿔대라고 합니다.

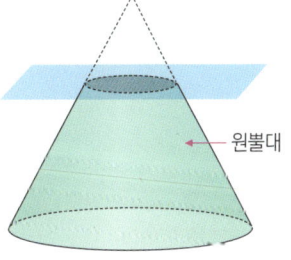

한 걸음 더 깊이

풍력 발전과 전기 에너지

풍력 발전은 풍력 에너지를 회전 에너지로 변환하여 전기 에너지를 생산하는 발전 방법입니다. 풍력 발전기 꼭대기에는 날개와 함께 거대한 발전기가 회전하고 있으며, 이를 통해 전기 에너지를 얻습니다. 발전기 속에서는 어떤 일이 일어날까요?

금속 선이 자석 사이에서 움직이면 금속 선 속의 전자가 운동합니다. 이 운동이 바로 전류입니다. 즉 회전에 의해 전자들이 움직이고, 이 전자가 전류로 변환되어 전기 에너지를 얻을 수 있답니다.

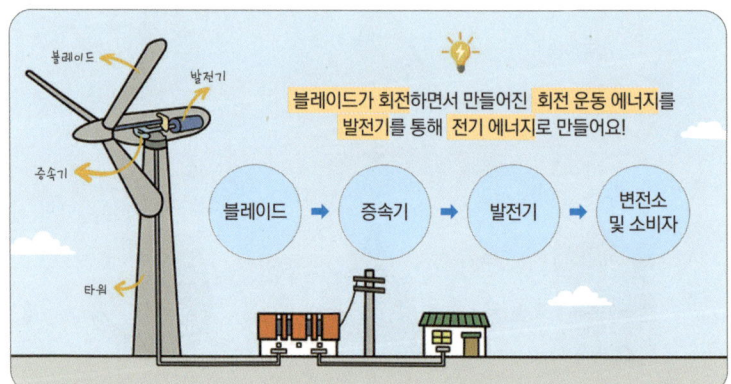

- 블레이드(Blade): 바람의 운동 에너지를 회전 운동 에너지로 변환하는 장치
- 증속기: 동력을 직접 전달하는 전동축(주축)의 저속(느린 속도) 회전을 전기를 일으키는 발전용으로 사용할 수 있게 고속(빠른 속도) 회전으로 바꾸는 장치
- 발전기: 증속기에서 전달받은 회전력을 전기 에너지로 바꾸는 장치

풍력 발전의 원리(출처: 한국에너지공단 신재생에너지센터)

회전에 작용하는 힘

움직이는 물체는 아무런 힘이 가해지지 않으면 직선운동을 합니다. 의자를 타고 빙글빙글 돌며 회전하는 놀이기구를 타 본 적이 있지요?

이 놀이기구는 원을 그리며 돌지만 실제로는 매 순간 직선운동을 하려 합니다. 하지만 중심에 있는 기둥에 묶여 있어 원을 그리며 돌지요. 마찬가지로 우주에서 모든 움직이는 물체는 직선운동을 하려고 합니다. 우주에 돌고 있는 우주정거장도 직선운동을 하려 하지만 지구의 중력에 따라 지구 주위를 돈답니다.

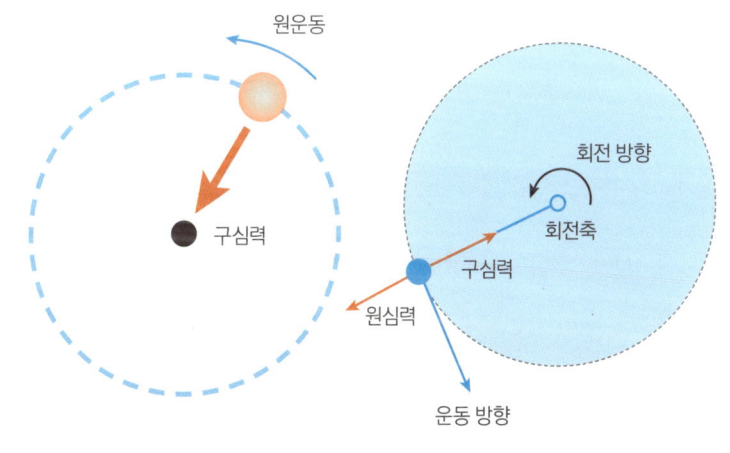

28. 입체도형의 겉넓이와 부피

파라오의 무덤인 이집트 피라미드! 과연 이 건축물에 사용된 돌은 몇 개나 될까요? 그리고 지구의 겉넓이와 부피는 과연 얼마일까요?

01 기둥과 뿔의 겉넓이

> **기둥의 겉넓이**

각기둥은 밑면 두 개와 옆면으로 구성되어 있으므로 겉넓이는 두 밑넓이와 옆넓이의 합으로 구할 수 있습니다.

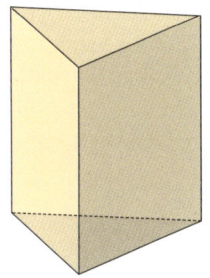

| 각기둥의 겉넓이 |

(겉넓이)=(밑넓이)×2+(옆넓이)

한편, 반지름의 길이가 r이고 높이가 h인 원기둥의 두 밑면은 원이고, 옆면은 가로 $2\pi r$, 세로 h인 직사각형입니다.

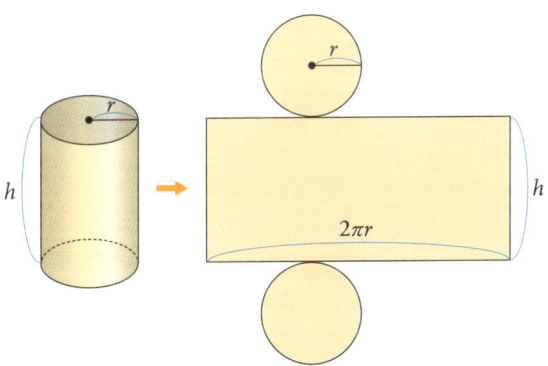

(옆넓이)=$2\pi r \times h = 2\pi rh$

(밑넓이)×2=$\pi r^2 \times 2 = 2\pi r^2$

| 원기둥의 겉넓이 |

밑면의 반지름의 길이가 r이고 높이가 h인 원기둥의 겉넓이 S는

$$S = 2\pi r^2 + 2\pi rh$$

뿔의 겉넓이

뿔은 밑면 1개와 옆면으로 구성되어 있으므로 겉넓이는 밑넓이와 옆넓이의 합으로 구할 수 있습니다.

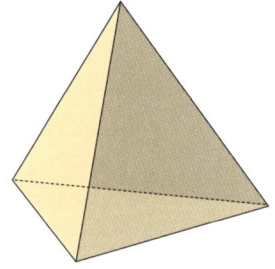

| 각뿔의 겉넓이 |

(겉넓이)=(밑넓이)+(옆넓이)

한편, 반지름이 r이고 모선의 길이가 l인 원뿔의 전개도에서 밑면은 원, 옆면은 부채꼴입니다.

아래 전개도에서 부채꼴의 호의 길이는 밑면인 원의 둘레 $2\pi r$과 같습니다.

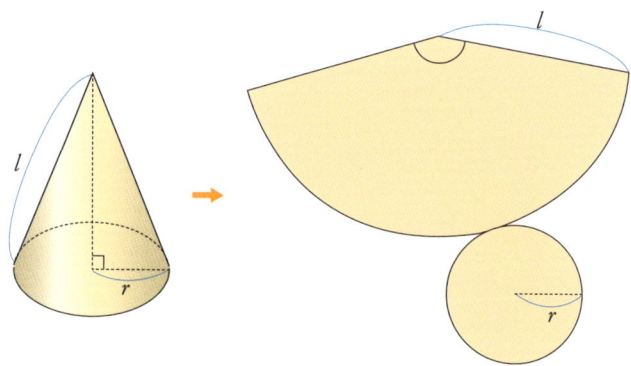

(옆넓이)=$\frac{1}{2} \times 2\pi r \times l = \pi r l$

(밑넓이)=πr^2

| 원뿔의 겉넓이 |

밑면의 반지름이 r이고 모선의 길이가 l인 원뿔의 겉넓이 S는

$$S = \pi r^2 + \pi r l$$

02 기둥과 뿔의 부피

기둥의 부피

부피는 입체도형이 차지하는 공간을 말합니다. 가로의 길이가 a, 세로의 길이가 b, 높이가 h인 직육면체의 부피를 V라고 하면

$$V=abh$$

입니다. 직육면체를 사각기둥으로 볼 때, ab는 사각기둥의 밑넓이가 되므로 사각기둥의 부피는 다음과 같습니다.

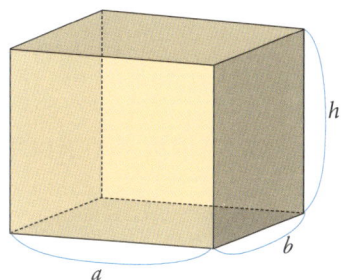

(사각기둥의 부피)=(밑넓이)×(높이)

이를 이용하여 삼각기둥의 부피를 구해 봅시다.

그림에서 삼각기둥의 부피는 사각기둥의 부피의 절반입니다. 따라서 $V=\frac{1}{2}abh$가 되고 $\frac{1}{2}ab$는 삼각기둥의 밑넓이이므로 삼각기둥의 부피는

(삼각기둥의 부피)=(밑넓이)×(높이)

로 구할 수 있습니다.

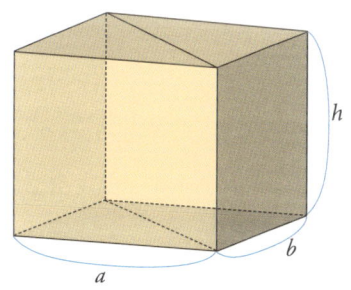

| 각기둥의 부피 |

(각기둥의 부피)=(밑넓이)×(높이)

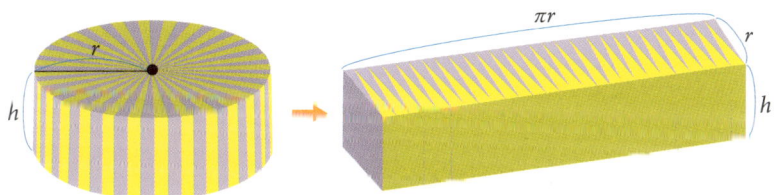

원기둥을 원의 중심을 기준으로 잘게 잘라서 배열하면 사각기둥처럼 만들 수 있습니다. 마치 원을 잘게 잘라 삼각형으로 쪼개어 직사각형 모양으로 배열한 다음 그 넓이를 구하는 것과 비슷하지요.

| 원기둥의 부피 |

밑면의 반지름이 r이고 높이가 h인 원기둥의 부피 V는

$$V = \pi r^2 h$$

| 뿔의 부피 |

뿔의 부피는 다음 실험을 통해 확인할 수 있습니다. 밑면과 높이가 각각 같은 각기둥과 각뿔이 있습니다. 각뿔에 물을 가득 담아 각기둥에 가득 채우려면 물이 부족합니다. 3번을 부어야 가득찹니다. 따라서 밑면과 높이가 각각 같은 각기둥의 부피가 각뿔 부피의 3배임을 알 수 있습니다. 즉, 뿔의 부피는 높이가 같은 기둥의 부피의 $\frac{1}{3}$임을 알 수 있는 것입니다.

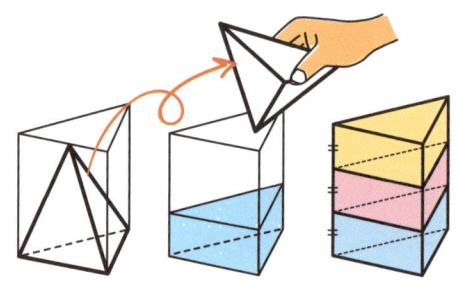

정리하면 각뿔이나 원뿔의 부피는 밑면과 높이가 각각 같은 각기둥이나 원기둥의 부피의 $\frac{1}{3}$입니다. 따라서 뿔의 부피는 다음과 같습니다.

| 뿔의 부피 |

(뿔의 부피) $= \frac{1}{3} \times$ (밑넓이) $\times$ (높이)

03 구의 겉넓이와 부피

구는 공간의 한 점에서 같은 거리에 있는 점들의 모임이라 할 수 있습니다.

구의 겉넓이

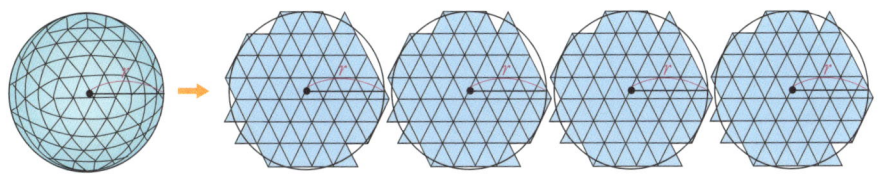

반지름의 길이가 r인 공의 겉면을 잘게 오려서 반지름이 r인 원 위에 올리면 어떻게 될까요? 위 그림처럼 4개의 원 위에 모두 올릴 수 있습니다.

또 구의 겉면을 노끈으로 빈틈없이 겹치지 않게 감는 방법으로 구의 겉넓이를 구할 수 있습니다. 아래 그림처럼 노끈을 풀어 평면 위에 납작한 원을 만들면 반지름의 길이가 $2r$이 됩니다.

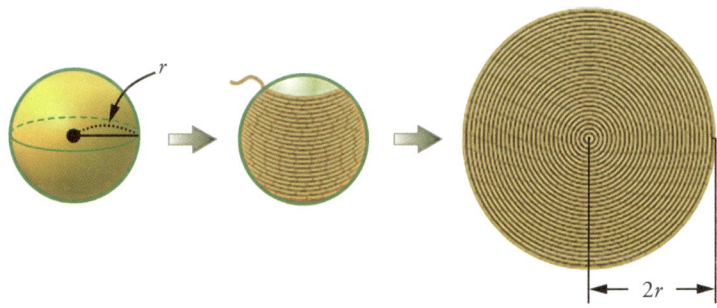

따라서 반지름이 r인 구의 겉넓이는 반지름이 r인 원의 넓이의 4배와 같아지므로 구의 겉넓이 S는 다음과 같습니다.

| 구의 겉넓이 |

반지름의 길이가 r인 구의 겉넓이 S는

$$S=4\pi r^2$$

구의 부피

옆 그림과 같이 구를 구의 중심을 꼭짓점으로 하는 각뿔의 모양으로 잘게 쪼갠다고 생각해 봅시다.

구를 매우 잘게 자르면, 잘린 조각들은 각뿔과 거의 같다고 할 수 있습니다. 그러므로 구의 부피는 다음과 같이 구할 수 있습니다.

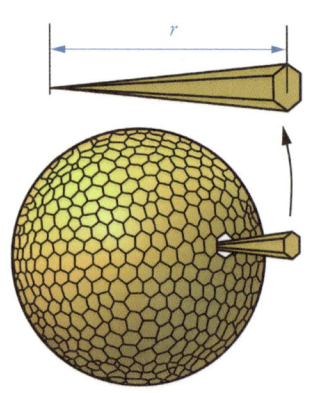

(구의 부피)
= (모든 작은 각뿔의 부피의 합)
= $\{\frac{1}{3}\times(\text{첫 번째 각뿔의 밑넓이})\times r\}+\{\frac{1}{3}\times(\text{두 번째 각뿔의 밑넓이})\times r\}+\cdots$
= $\frac{1}{3}\times\{(\text{첫 번째 각뿔의 밑넓이})+(\text{두 번째 각뿔의 밑넓이})+\cdots\}\times r$
= $\frac{1}{3}\times(\text{구의 겉넓이})\times r$
= $\frac{1}{3}\times 4\pi r^2\times r$
= $\frac{4}{3}\pi r^3$

| 구의 부피 |

반지름의 길이가 r인 구의 부피 V는

$$V=\frac{4}{3}\pi r^3$$

한 걸음 더 깊이

수학자 아르키메데스의 묘비

욕조에서 뛰쳐나오며 '유레카'를 외쳤다는 이야기로 유명한 '아르키메데스'는 부력에 대해 밝히고 지레의 원리와 나선형 펌프를 발견하는 등 뛰어난 수학자이자 과학자였습니다.

아르키메데스가 가장 흥미를 보인 분야는 도형이었다고 합니다. 원뿔과 구, 원기둥의 부피에 관한 연구를 가장 자랑스럽게 여겼고, 그 내용을 묘비에 새겨달라고 부탁할 정도였지요.

> 원뿔, 구, 원기둥의 부피 비는
> $\dfrac{2}{3}\pi r^3 : \dfrac{4}{3}\pi r^3 : 2\pi r^3 = 1 : 2 : 3$

이 부피의 비를 어떻게 구할 수 있는지 아래 그림을 보며 정리해 봅시다.

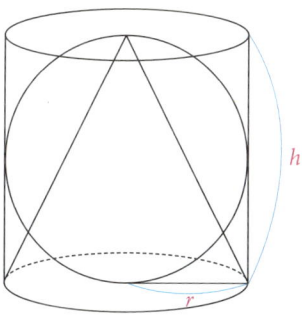

높이 h는 원의 지름과 같으므로 $h=2r$입니다. 반지름이 r인 원의 넓이는 πr^2이므로

(원뿔의 부피) : (구의 부피) : (원기둥의 부피)

$= \frac{1}{3}\pi r^2 h : \frac{4}{3}\pi r^3 : \pi r^2 h$

여기에 $h=2r$을 대입하면

$= \frac{2}{3}\pi r^3 : \frac{4}{3}\pi r^3 : 2\pi r^3$

$= \frac{2}{3} : \frac{4}{3} : 2$

$= 2 : 4 : 6$

$= 1 : 2 : 3$

따라서 원뿔과 구, 원기둥의 부피 비는 $1:2:3$입니다.

넓이와 부피보다 더욱 중요한 구조

현대 수학에서는 도형의 구조와 도형의 연결 상태를 집중적으로 연구하고 있습니다. 예를 들어 아래 도형들은 크기와 모양에 상관없이 모든 다각형의 외각의 합이 360°로 같습니다.

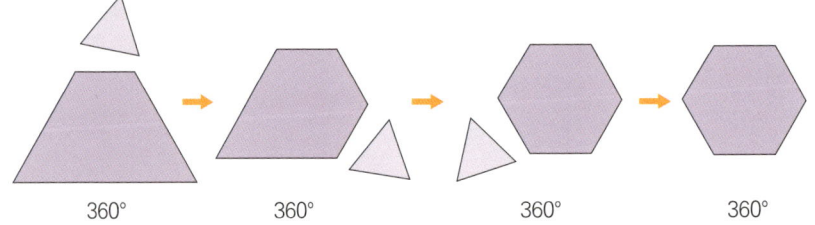

또한 다각형에서 꼭짓점의 개수를 v, 변의 개수를 e, 면의 개수를 f라 하면 $v-e+f=1$입니다.

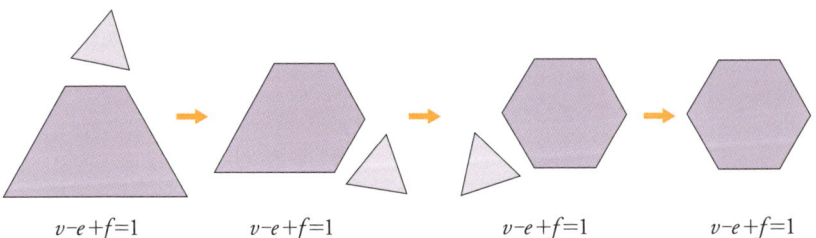

구와 연결 상태가 같은 다면체에서 꼭짓점의 개수를 v, 모서리의 개수를 e, 면의 개수를 f라 하면 $v-e+f=2$입니다.

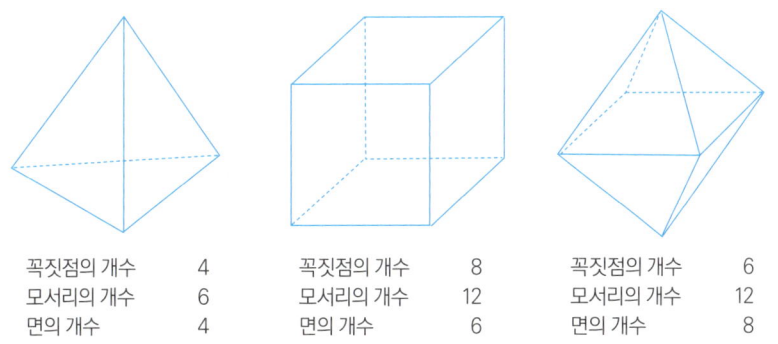

꼭짓점의 개수	4	꼭짓점의 개수	8	꼭짓점의 개수	6
모서리의 개수	6	모서리의 개수	12	모서리의 개수	12
면의 개수	4	면의 개수	6	면의 개수	8

여기에서 구와 연결 상태가 같은 다면체라는 뜻은 자르거나 이어 붙이지 않고 오직 늘이거나 줄인다는 뜻입니다.

다음은 연결 상태가 같은 도형의 예시입니다.

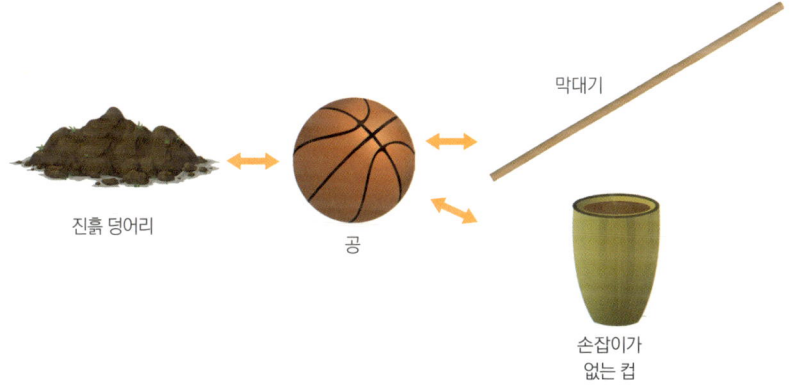

모양과 크기는 변화시켜도 연결 상태는 유지하는 것이지요. 이러한 연결 상태에 관한 연구는 4차원 이상의 세상을 이해하는 데 핵심 역할을 합니다.

도전하기 풀이

1. 다음과 같이 10은 $\frac{1}{2}$을 20번 더하면 얻을 수 있습니다.

   $\frac{1}{2} + \frac{1}{2} + \cdots + \frac{1}{2} = 10$

   그러므로 $10 \div \frac{1}{2} = 20$입니다.

   따라서 $10 \div \frac{1}{2} = 20 = 10 \times 2$ 같이 나타낼 수 있습니다.

   다른 방법 한 가지 더 보여 드리겠습니다. 분모가 같은 두 수의 나눈 값은 분자만 나눈 값과 같으므로 다음과 같이 설명할 수도 있습니다.

   $10 \div \frac{1}{2} = \frac{20}{2} \div \frac{1}{2} = 20 \div 1 = 20 = 10 \times 2$

   $\frac{3}{4} \div \frac{2}{3}$을 계산하기 위하여 위와 같은 방법으로 분모가 다른 두 값을 통분하여 분모를 같게 만듭니다. 분모가 같은 두 수이므로 분자만 나누면 됩니다. 그러면 역수를 곱하는 이유를 알 수 있습니다.

   $\frac{3}{4} \div \frac{2}{3} = \frac{3 \times 3}{4 \times 3} \div \frac{2 \times 4}{3 \times 4} = (3 \times 3) \div (2 \times 4) = \frac{3 \times 3}{2 \times 4} = \frac{3}{4} \times \frac{3}{2}$

2. 예를 들어 $5 \times 0 = 0$이고 $10 \times 0 = 0$입니다.

$a \times b = c$이면 $a = \frac{c}{b}$이기 때문에 $5 = \frac{0}{0}$이고 $10 = \frac{0}{0}$이기도 합니다. 하지만 5와 10은 같은 수가 아닙니다. 게다가 $\frac{0}{0} = 1$이라는 사실과도 모순이 됩니다.

그러므로 $0 \div 0$은 정할 수 없습니다.

3. 가능합니다. 모든 손님을 방 번호의 2배 되는 곳으로 옮기면 됩니다. 그러면 홀수 번 방의 모든 방이 빈방이 됩니다. 따라서 무한 명의 손님을 홀수 번 방으로 안내하면 됩니다.

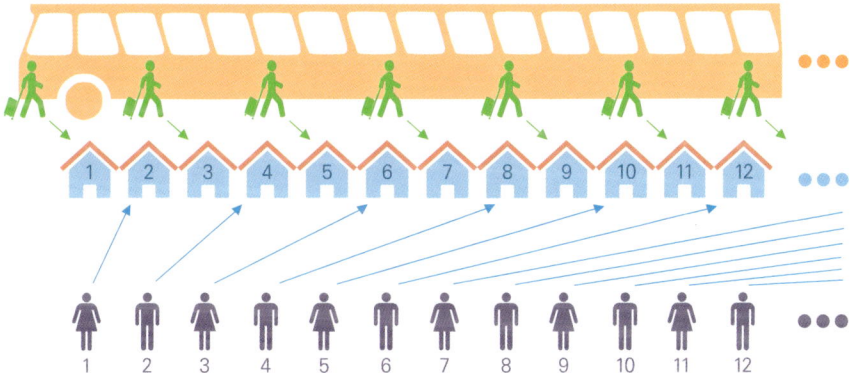

4. 추월할 수 있습니다. 예를 들어 아킬레스가 10초에 100m를 간다고 하면, 거북은 10초에 10m만큼 갑니다. 20초 후에는 아킬레스는 200m, 거북은 20m 갑니다. 20초 후에는 아킬레스는 200m를 갔고 100m 앞에서 출발한 거북은 아킬레스의 출발점으로부터 120m만큼 갔습니다. 따라서 20초 후에는 이미 80m를 추월했습니다.

5. $2^{64} - 1 = 2^{60} \times 2^4 - 1 = (2^{10})^6 \times 16 - 1$을 계산하면 18,446,744,073,709,551,615입니다. 이 값은 18×10^{18}보다 큽니다.

1년을 초로 환산하면 1년=365(일)×24(시간)×60(분)×60(초)=약 32×10^6초입니다. 그러면 18×10^{18}초를 년으로 환산하면 $\frac{18 \times 10^{18}}{32 \times 10^6} = 5625 \times 10^8$이므로 약 5625억 년보다 큽니다.

6. 0

7. $a<b$일 때, 임의의 두 유리수 a, b 평균은 $\dfrac{a+b}{2}$ 입니다.

   a와 b가 유리수이므로 $a=\dfrac{m}{n}$(단, m, $n \neq 0$인 정수) $b=\dfrac{p}{q}$(단, p, $q \neq 0$인 정수)로 표현할 수 있습니다.

   그러면 두 유리수 a, b의 평균은 $\dfrac{a+b}{2} = \dfrac{\dfrac{m}{n}+\dfrac{p}{q}}{2} = \dfrac{mq+np}{2nq}$ 입니다.

   여기에서 m, $n \neq 0$, p, $q \neq 0$는 모두 정수이므로 $mq+np$, $2nq \neq 0$은 정수입니다.

   따라서 $\dfrac{a+b}{2}$도 유리수입니다.

   즉 두 유리수의 평균은 유리수입니다. 그러므로 유리수 a와 유리수 $\dfrac{a+b}{2}$의 평균도 유리수입니다. 위와 같이 평균을 통하여 무수히 많은 유리수를 만들 수 있습니다.

   따라서 두 유리수의 평균은 두 유리수 사이에 있으므로 두 유리수 사이에는 무수히 많은 유리수가 있음을 알 수 있습니다.

8. $\dfrac{1}{2}+\dfrac{1}{4}+\dfrac{1}{8}+\dfrac{1}{16}+\cdots\cdots=S$라 하고 등호의 양변에 2를 곱하면
   $1+\dfrac{1}{2}+\dfrac{1}{4}+\dfrac{1}{8}+\dfrac{1}{16}+\cdots\cdots=2\times S$입니다.

   아래 식에서 위의 식을 빼면

   $1=S$입니다.

   그러므로 $\dfrac{1}{2}+\dfrac{1}{4}+\dfrac{1}{8}+\dfrac{1}{16}+\cdots\cdots=1$입니다.

9. (1) $27.6+18.8+37.4+81.2+72.4$

    $=(27.6+72.4)+(18.8+81.2)+37.4$ ← 교환법칙, 결합법칙

    $=100+100+37.4$

    $=237.4$

(2) 843−(324+643)+924

   =843−324−643+924   ← 분배법칙

   =(843−643)+(924−324)   ← 교환법칙, 결합법칙

   =200+600

   =800

(3) 9+99+999+9999

   =(10−1)+(100−1)+(1000−1)+(10000−1)

   =10000+1000+100+10−4   ← 교환법칙, 결합법칙

   =11106

(4)   1+2+3+4+……+100 ……………………… ①

    100+99+98+97+……+1 ← 교환법칙 ……… ②

    ①번과 ②번을 더하면

    101+101+101+……+101

    =101×100

    그러므로 $1+2+3+4+5+\cdots+100 = \dfrac{101\times100}{2} = 5050$ 입니다.

10 $1^2+2^2+3^2+……+100^2$ 을 덧셈으로 나타내면

1은 1개, 2는 2개, 3은 3개,…… 100은 100개이므로

다음과 같이 3가지 방법으로 나타낼 수 있습니다.

①   1+(2+ 2)+(3+ 3+ 3)+………+(100+100+……+100)

② 100+(99+100)+(98+ 99+100)+………+(1+ 2+……+100)

③ 100+(100+ 99)+(100+ 99+ 98)+………+(100+ 99+……+ 1)

①번, ②번, ③번 식을 더하면

201+(201+201)+(201+201+201)+……+(201+201+……+201)

=201+201×2+201×3+………………+201×100

$= 201 \times (1+2+3+\cdots\cdots+100)$

도전하기 9-(4)번에서 알 수 있듯이 $1+2+3+\cdots\cdots+100 = \dfrac{101 \times 100}{2}$ 입니다.

그러므로 식을 정리하면

$201 \times \dfrac{101 \times 100}{2}$ 입니다.

따라서 $1^2 + 2^2 + 3^2 + \cdots\cdots + 100^2$

$= 201 \times \dfrac{101 \times 100}{2} \div 3$ ← 위의 3개의 식을 더하였으므로

$= \dfrac{201 \times 101 \times 100}{6}$

$= 338350$ 입니다.

11. 1개월 후에는 그대로 한 쌍입니다. 그러나 2개월 후에는 한 쌍이 새로 태어나니 두 쌍이 됩니다. 3개월 후에는 맨 처음 있었던 한 쌍이 새로운 한 쌍을 낳습니다. 그러므로 새로 태어난 한 쌍과 기존의 두 쌍이 있으므로 총 세 쌍입니다. 4개월 후에는 2개월 후에 있었던 두 쌍이 각각 한 쌍을 낳고 기존에 있었던 세 쌍은 그대입니다. 그러므로 모두 다섯 쌍입니다. 이처럼 토끼는 앞에 있는 두 수의 합으로 증가합니다.

개월	처음	1개월 후	2개월 후	3개월 후	4개월 후	5개월 후	…
토끼							
토끼 쌍의 수	1쌍	1쌍	2쌍	3쌍	5쌍	8쌍	…

1 → 1 → 2 → 3 → 5 → 8 → 13 → 21 → 34 → 55 ……

1+1, 1+2, 2+3, 3+5, 5+8, 8+13, 13+21, 21+34

따라서 다음과 같은 수의 배열을 갖습니다.

1 1 2 3 5 8 13 21 34 55 89 144 233

그러므로 모두 233쌍입니다.

12. (1) 방의 수를 x로 놓습니다..

   (2) 방 하나에 4명씩 들어가면 빈방이 6개가 되므로, 학생 수는 $4(x-6)$명이고, 3명씩 들어가면 학생 10명이 들어갈 방이 없으므로 학생 수는 $(3x+10)$명입니다.
   따라서 학생 수는 두 경우 모두 같으므로 $4(x-6)=3x+10$입니다.

   (3) 이 방정식을 풀면

   $4(x-6)=3x+10$

   $4x-24=3x+10$

   $x=34$

   (4) $x=34$를 방정식 $4(x-6)$와 $3x+10$에 대입하면

   $4\times(34-6)=112$이고 $3\times34+10=112$이므로 문제의 조건에 맞습니다.

   따라서 방은 모두 34개입니다.

13. (1) 목성의 중력은 지구 중력의 약 2.54배이므로 목성에서 탐사선 갈릴레오의 무게는 $2.54x$입니다.

   (2) $2.54\times2222\text{kg}=5643.88\text{kg}$

14. (1) $\frac{1}{6}x$

   (2) $\frac{1}{6}x+\frac{1}{12}x+\frac{1}{7}x+5+\frac{1}{2}x+4=x$

   $\frac{1}{6}x+\frac{1}{12}x+\frac{1}{7}x+\frac{1}{2}x+9=x$

   6, 12, 7, 2의 최소공배수인 84를 곱하면

   $14x+7x+12x+42x+756=84x$

$756=84x-75x$

$756=9x$

그러므로 $x=84$입니다.

디오판토스는 84세까지 살았습니다.

15. (1) 17마리의 낙타를 유언대로 2, 3, 9로 나눌 수 없습니다.

(2) 17에 1을 더하여 18을 만들어 2, 3, 9로 나눌 수 있도록 했습니다.

(3) 정확하게 실행되었다고는 할 수 없습니다. $\frac{1}{2}+\frac{1}{3}+\frac{1}{9}=\frac{17}{18}$이므로 재산의 $\frac{1}{18}$은 상속받지 못한 것입니다. 다만 상속하지 않은 $\frac{1}{18}$을 노인의 낙타 한 마리를 이용해 유언대로 받은 것입니다.

16. 어떤 수를 x라 하면

$(5x+20) \times 2-20=70$

$10x+40-20=70$

$10x=50$

$x=5$

그러므로 수진이가 생각한 숫자는 5입니다.

17. 문 하나를 통과하기 전의 사과의 개수를 x, 통과한 후의 사과의 개수를 y라고 하면,

$y=x-(\frac{1}{2}x+1)$

$y=\frac{1}{2}x-1$입니다.

이를 x에 관하여 정리하면 $x=2y+2$

5번째 문을 통과한 후의 사과의 수가 1개이므로

5번째 문을 통과하기 전 사과의 수 $x=2 \times 1+2=4$

4번째 문을 통과하기 전 사과의 수 $x=2\times 4+2=10$

3번째 문을 통과하기 전은 $22(=2\times 10+2)$개, 2번째 문을 통과하기 전은 $46(=2\times 22+2)$개, 1번째 문을 통과하기 전은 94개$(=2\times 46+2)$입니다.

그러므로 처음 딴 사과의 수는 94개입니다.

18. 지구의 둘레를 l km라고 하면

$925 : l = 7.2 : 360$

$l = 925 \times \dfrac{360}{7.2} = 925 \times \dfrac{3600}{72} = 46250$

그러므로 지구의 둘레는 46250km입니다.

실제 지구 둘레는 약 40120km로 계산 결과와 차이가 있습니다. 왜냐하면 지구가 완전한 구가 아니며, 두 도시가 동일한 경도상에 있지 않았기 때문입니다. 또한 당시 측정 기술로는 두 도시 사이의 거리를 정확하게 측정할 수 없어 실제 값과 약간 차이가 납니다.

영국의 수학자 펜로즈가 고안한 도형으로, 현실에서는 불가능한 도형이지만 그림을 이용하여 실제로 있는 것처럼 나타낼 수 있습니다. 그림으로만 가능한 도형입니다. 그러니 있을 수 없는 도형이지만 위 사진(호주의 이스트 퍼스의 구조물)처럼 도형으로 보이게 구조물을 제작할 수 있습니다. 착시 현상을 통해서 말이지요.

20. (1) 평면은 한 개의 직선에 의하여 2개로 나누어지며 2개의 직선이 한 점에서 만나면 최대 4개로 나누어집니다. 2개의 직선에 의하여 4개로 나누어진 평면에 직선 한 개를 추가하여 2개의 직선과 만나게 할 수 있습니다. 추가된 직선이 원래 있던 2개의 직선과 만나 2개의 교점이 생깁니다.

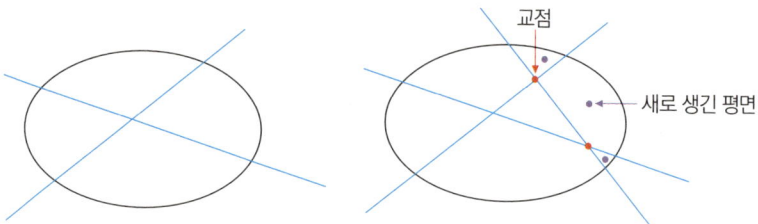

직선이 3개이면 평면이 3개가 더 만들어진다.

이 교점에 의하여 추가된 직선이 3개로 나누어지므로 새로운 평면 3개가 더 생깁니다. 그래서 평면은 4개의 평면에 새롭게 3개의 평면이 만들어져 총 7개(4개 +3개)가 됩니다.

평면은 3개의 직선에 의하여 최대 7개로 나누어지는 것입니다. 이와 같은 방법으로 증가합니다.

1	2	3	4	5
2	4	7	11	16

+2 +3 +4 +5 +6

(2) 전 단계의 평면의 수보다 직선의 수만큼 평면이 증가합니다.

(3) 입체는 한 개의 평면에 의하여 2개로 나누어지며 2개의 평면을 만나게 하여 교선이 생기면 최대 4개로 나누어집니다.

2개의 평면에 따라 4개로 나누어진 입체에 평면 한 개를 추가하여 2개의 평면과 만나게 할 수 있습니다. 추가된 평면이 원래 있던 2개의 평면과 만나 2개의 교선이 만들어집니다. 위의 도전하기 20 (1)에 따르면 2개의 교선으로 추가된 평면이 최대 4개의 평면으로 나누어집니다. 그러면 4개의 평면에 따라 4개의 입체가 더 생깁니다. 그래서 입체는 4개의 입체에 새롭게 4개의 입체가 추가되어 총 8개(4개+4개)가 됩니다. 입체는 3개의 평면에 의하여 최대 8개로 나누어지는 것입니다.

3개의 평면에 의하여 8개로 나누어진 입체에 평면 1개를 추가하여 3개의 평면과 만나 3개의 교선이 만들게 할 수 있고 위의 도전하기 20 (1)에서처럼 3개의 교선에 따라 추가된 평면이 최대 7개로 나누어집니다. 7개의 평면에 따라서 7개의 입체가 더 생겨 총 15개(8개+7개)가 됩니다. 이와 같은 방법으로 증가합니다.

1	2	3	4	5
2	4	8	15	26

+2 +4 +7 +11 +16

(4) 전 단계의 입체 수보다 도전하기 20 (1)에서 만들어지는 전 단계의 평면의 수만큼 입체가 증가합니다.

21. 원에 정육각형이 내접하고 있습니다. 그러므로 원의 둘레는 이 내접하는 정육각형의 둘레의 길이보다 큽니다. 이 정육각형은 정삼각형 6개로 이루어져 있으므로 한 변의 길이가 이 원의 반지름 r이 됩니다. 즉 이 정육각형의 둘레의 길이 $6r$은 원의 지름 $2r$의 3배입니다. 그러므로 원의 둘레의 길이는 지름의 길이의 3배보다 큽니다.

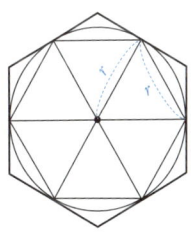

22.

	정사면체	정육면체	정팔면체	정십이면체	정이십면체
면의 모양	정삼각형	정사각형	정삼각형	정오각형	정삼각형
한 꼭짓점에 모인 면의 수	3개	3개	4개	3개	5개
한 꼭짓점에 모인 모서리의 수	3개	3개	4개	3개	5개

그림 출처

34쪽   불국사 3층 석탑 Leonard J. DeFrancisci, https://ko.wikipedia.org

84쪽   지성사, pixabay

109쪽   《구장산술》 https://ko.wikipedia.org

140쪽   https://joyofmuseums.com

154쪽   https://ybea12.tistory.com/1155

160쪽   Bjørn Christian Tørrissen, https://commons.wikimedia.org

169쪽   Teodomiro, https://commons.wikimedia.org

185쪽   불국사 석등의 비밀, 〈수학으로 푸는 세상의 비밀〉, YTN science

   나머지 3컷 pixabay

187쪽   눈 결정, 잠자리 날개, 허드슨 야드 pixabay, 이든 프로젝트 https://en.wikipedia.org

206쪽   https://en.wikipedia.org

208쪽   다이아몬드와 흑연 Michael Ströck(mstroeck), https://ko.wikipedia.org

237쪽   Bjørn Christian Tørrissen, https://commons.wikimedia.org

85쪽, 126쪽, 166쪽, 199쪽, 219쪽, 220쪽, 229쪽   pixabay